Rose · Budjuhn | Die zwölf Geschworenen

Reginald Rose
Die zwölf Geschworenen

Für die deutsche Bühne dramatisiert
von Horst Budjuhn

Anmerkungen und Nachwort
von Holger Bäuerle

Reclam

Originaltitel:
Twelve Angry Men

RECLAMS UNIVERSAL-BIBLIOTHEK Nr. 14466
1982, 2024 Philipp Reclam jun. Verlag GmbH,
Siemensstraße 32, 71254 Ditzingen
info@reclam.de

Aufführungsrechte bei Felix Bloch Erben GmbH & Co. KG, Berlin

Gestaltung: Cornelia Feyll, Friedrich Forssman
Druck und Bindung: Druckerei C.H.Beck,
Bergerstraße 3–5, 86720 Nördlingen
Printed in Germany 2025
RECLAM, UNIVERSAL-BIBLIOTHEK und
RECLAMS UNIVERSAL-BIBLIOTHEK sind eingetragene Marken
der Philipp Reclam jun. GmbH & Co. KG, Stuttgart
ISBN 978-3-15-014466-4
reclam.de

FSC www.fsc.org
MIX
Papier | Fördert
gute Waldnutzung
FSC® C019821

Personen

DIE GESCHWORENEN

OBMANN, ein Opportunist, der immer ausgleichen will, aber dabei ängstlich darauf bedacht ist, seine Autorität nicht zu verlieren. Er fühlt sich »sehr offiziell«. Kein übermäßig heller Kopf, aber ein Stehaufmännchen. Nebenbei ist er Hilfstrainer der Baseball-Mannschaft eines Vorort-College.

NR. 2, ein zaghafter Mann, dem nichts so schwerfällt, als zu seiner eignen Meinung zu stehen. Er ist um so beeinflussbarer und schließt sich gewöhnlich den Ansichten seines Vorredners an. Von Beruf Bankangestellter.

NR. 3, ein gewalttätiger, außerordentlich starrköpfiger Mann, bei dem auch Anzeichen von Sadismus unverkennbar sind. Humorlos und intolerant gegenüber der Meinung anderer. Nur seine eigene gilt, und es ist für ihn selbstverständlich, sie den anderen aufzuzwingen. Inhaber eines »Botendienstes«.

NR. 4, augenscheinlich ein Mann von Vermögen und Einfluss. Ein geübter Redner, der sich im richtigen Moment in Szene zu setzen weiß. Über den »Rest« der GESCHWORENEN fühlt er sich ein wenig erhaben. Sein einziges Interesse gehört den Tatsachen dieses Falls, und das Verhalten der anderen befremdet ihn zusehends. Börsenmakler.

NR. 5, ein scheuer, belasteter, jüngerer Mann, der es mit seinen Verpflichtungen in diesem Fall überaus ernst nimmt, aber Hemmungen hat, sich zu äußern, wenn die Älteren gerade am Wort sind. Arbeitslos.

NR. 6, ein ungemein korrekter, jedoch ziemlich beschränkter Mann, der seine Entscheidungen langsam und pedantisch vorbereitet. Sich selbst ein klares Urteil zu bilden, ist recht anstrengend für ihn. Er muss scharf zuhören, verdauen und sich dann auswählen, was ihm von fremden Meinungen annehmbar dünkt. Anstreicher.

NR. 7, ein lauter, oberflächlicher, cleverer Zeitgenosse, der wichtigere, viel wichtigere Dinge zu tun hat, als in einem Geschworenenzimmer zu sitzen. Sein Temperament geht rasch mit ihm durch, und ebenso rasch ist er mit seiner Meinung fertig, obwohl ihm alle Kenntnisse fehlen. Ein Kerl wie ein Schrank und natürlich ein Feigling. Vertreter von allerlei Produkten, auch von Marmelade.

NR. 8, ein besonnener, ruhiger Mann, der jede Frage von jeder Seite betrachtet und nichts als die Wahrheit sucht. Aber sein ganz nach innen gekehrter Fanatismus wird von einem echten Mitgefühl überwacht. Er will aus glühendem Herzen nur der Gerechtigkeit dienen, nur dafür lohnt es sich ihm zu kämpfen, und er verbirgt es hinter äußerer Gelassenheit. Er ist Architekt.

NR. 9, ein feiner, abgeklärter, alter Herr, den das Leben schon eine Weile überrundet hat. Jetzt wartet er nur noch darauf, endgültig auszuscheiden. Einer, der sich bis auf den Grund seines Wesens durchschaut hat und den Tagen nachtrauert, wo auch er die Chance gehabt hätte, mutig zu sein, ohne sich wie heute hinter seinen Jahren zu verstecken. Seine gewählte Umgangssprache, seine etwas altmodische Eleganz – alles lässt darauf schließen, dass er sein Geld gut angelegt hat. Aber er hat wohl niemanden, für den er sorgen darf.

NR. 10, ein verdrossener, bitterer Mann, der fast auf den ersten Blick Abwehr oder Feindschaft herausfordert. Dabei ist er ein Heuchler, dem ein Menschenleben gleichgültig ist, das eigene verkümmerte Ich ausgenommen. Er kommt aus dem Nichts und geht ins Nichts und ist sich dessen insgeheim bewusst. Tankstellenbesitzer.

NR. 11, ein Emigrant aus Europa, der anno 41 in die Staaten geflüchtet ist. Er spricht mit einem östlichen Akzent, und das macht ihn etwas befangen. Er wirkt verschlossen und von einer beinahe unterwürfigen Bescheidenheit zu den Menschen seiner Umgebung, und doch beseelt ihn ein ernster Wille, Gerechtigkeit zu finden, nachdem er lange genug unter Ungerechtigkeit zu leiden hatte. Die Wunde ist noch nicht verheilt, die man ihm geschlagen hat, auch wenn er jetzt eine neue Heimat besitzt. Er ist Chemiker.

NR. 12, ein aalglatter, kühler Rechner, dem seine Mitmenschen nur in der Terminologie von Prozenten, Statistiken und als Zahlen des Gallup-Instituts geläufig sind. Darin erschöpft sich sein Verhältnis zum Menschen. Kurzum ein Snob, was ihn keineswegs hindert, sich unter Umständen leutselig zu geben. Was könnte er anderes sein als Reklameberater?

GERICHTSDIENER
und
die STIMMEN DES GERICHTSVORSITZENDEN
und GERICHTSSCHREIBERS

Anmerkung

NR. 11 sollte je nach dem vorhandenen Darsteller mit polnischen, tschechischen oder auch jiddischen Anklängen reden.

Der Schauplatz

ist ein großer, kahler, ungemütlich wirkender Raum: *das Geschworenenzimmer eines Bezirksgerichts im östlichen Teil von New York.*

Die Einrichtung besteht aus einem langen Konferenztisch mit einem Dutzend Stühlen. Die Wände sind schmucklos, gelblich-grau und könnten einen frischen Anstrich dringend gebrauchen. Auf der linken Seite befindet sich eine Reihe von Fenstern, deren Aussicht auf ein belebtes Geschäftsviertel hinausgeht.

Vorn auf der rechten Seite gelangt man durch eine Tür zum *Waschraum*, der zu einem Teil sichtbar ist, etwa ein Viertel der Bühnenbreite einnimmt und sich in die Seitenkulisse fortsetzt. Da er keine Fenster hat, muss jedes Mal das elektrische Licht eingeschaltet werden, um ihn zu erhellen. Die Tür trägt die Aufschrift: »MEN.« Zwei Wasserbecken mit Spiegeln darüber, Seifenspendern und Papierhandtüchern.

Vorn an der linken Zimmerwand steht ein sogenannter Water Cooler mit Pappbechern. Daneben ein Papierkorb.

Rechts in der rückwärtigen Wand befindet sich die Eingangstür vom Korridor, der zum Gerichtssaal führt. Sie öffnet sich nach innen und trägt die Aufschrift: GESCHWORENENZIMMER. Über ihrer oberen Leiste eine große, deutlich sichtbare elektrische Uhr. Links daneben ein breites Garderobenbrett, an dem einige Hüte hängen. Darunter eine lange Sitzbank.

Hinten links unter der Decke ein in die Wand eingebauter Lautsprecher.

Hoch oben an der rechten Seitenwand der einschaltbare Ventilator.

Irgendwo im Raum verloren eine große gerahmte Fotografie von Abraham Lincoln.

Anmerkung

Dieses Stück ist keine Erholung für die Bühnentechnik. Ihr Apparat muss dauernd auf Hochtouren laufen. Die Uhr muss die reale Zeit anzeigen, vielleicht mit einer kleinen Mogelei, der Ventilator muss surren, ohne den Dialog zu stören, der Eiswasserbehälter muss wirklich Wasser spenden, und die Wasserspülung im Waschraum muss vernehmlich funktionieren. Ja, auch der Regen im letzten Akt sollte nicht bloß aus geschüttelten Erbsen bestehen.

Die zwölf Männer, die während des ganzen Stückes nicht die Bühne verlassen, wollen Auslauf haben. Sie verdienen Luft und Raum für ihre Emotionen.

Erster Akt

Beim Aufgehen des Vorhangs liegt das Geschworenenzimmer im grellen Schein der Nachmittagssonne.
Es ist 4 Uhr 22.
Eins der Fenster steht offen und lässt den Straßenlärm hereindringen.
Dann tritt vom Korridor her ein grauhaariger uniformierter Gerichtsdiener ein, stellt im Vorbeigehen den Lautsprecher an und beginnt auf dem Konferenztisch Aschenbecher, Bleistifte und Notizpapier zu verteilen. Währenddessen hallt aus dem Lautsprecher die

STIMME DES GERICHTSVORSITZENDEN *(allmählich anschwellend).* ... meine Herren Geschworenen, Sie haben sechs Tage lang in diesem Saal gesessen und der Verhandlung beigewohnt ... Dieser Fall ist das schwerste Delikt, das unsere Rechtsprechung kennt. Mord ersten Grades ... vorsätzliche Tötung ... Sie haben die Zeugen gehört ...
(Der Gerichtsdiener geht zum Fenster, schließt es und lauscht auf die klarer werdende Stimme.)
... und jetzt, meine Herren, ist es Ihre Pflicht, sich eine Meinung zu bilden, indem Sie versuchen, Tatsachen von Phantasiegebilden zu unterscheiden.
(Der Gerichtsdiener gibt sich einen Ruck und setzt seine Tätigkeit fort. Die Stimme erfüllt den Raum.)
Ein Mensch ist tot. Das Leben eines anderen liegt in Ihrer Hand. Versuchen Sie nach bestem Wissen und Gewissen Ihren Spruch zu fällen. Falls Sie einen begründeten Zweifel an der Schuld des Angeklagten haben, muss Ihre

Entscheidung »nicht schuldig« lauten. Andernfalls müssen Sie überzeugt sein, dass der Angeklagte wirklich schuldig ist. Halten Sie ihn für »schuldig«, dann darf auch das Gericht keine Gnade walten lassen. In diesem Fall verfügt das Gesetz die Todesstrafe.
(Stille. Der Gerichtsdiener zieht einen Taschenspiegel heraus und kämmt sich das Haar.)
Aber wie auch immer Sie sich entscheiden: Ihr Spruch muss einstimmig sein. Sollten Sie jedoch keine Einstimmigkeit erzielen, so müssen Sie Ihren Auftrag zurückgeben, und es werden neue Geschworene aufgerufen. Also einstimmig – ist das klar?
(Der Gerichtsdiener rückt sich den Uniformkragen zurecht.)
Sie stehen jetzt vor einer großen Verantwortung. Ich danke Ihnen, meine Herren.
(Nach einer langen Pause ertönt aus dem Lautsprecher die Stimme des Gerichtsschreibers.)

STIMME DES GERICHTSSCHREIBERS. Die Ersatzmänner sind entlassen. Die Geschworenen ziehen sich zur Beratung zurück.

(Man hört einige Sekunden die an- und abschwellenden Geräusche der aufgehobenen Verhandlung im Lautsprecher. Der Gerichtsdiener schaltet ihn ab, geht zur Korridortür und hält sie dienstfertig vor den eintretenden Geschworenen auf. Langsam, von ihrer Wichtigkeit durchdrungen, kommen sie herein. Der Gerichtsdiener zählt sie mit lautlos bewegten Lippen ab.
Etwa vier oder fünf zünden sich eine Zigarette oder Zigarre an.

Nr. 5 stopft sich seine Pfeife, die er während der ganzen Verhandlung in Brand hält.
Nr. 9 steuert sofort auf den Waschraum zu, dessen Tür mit der Aufschrift »MEN« sich gegen das Publikum öffnet. Er zündet drinnen sein Feuerzeug an, sucht den Lichtschalter, macht hell und verschwindet in der Seitenkulisse.
Die ersten nehmen am Konferenztisch Platz, andere stehen noch unschlüssig im Zimmer herum oder blicken aus den Fenstern. Und insgesamt fühlen sie sich nicht recht wohl, weil sie sich gegenseitig nicht kennen und keine Ahnung haben, wie sie miteinander ins Gespräch kommen sollen. Dabei spielt sich Folgendes ab:)

NR. 2 *(bietet Nr. 8 eine Tüte an).* Möchten Sie? Hustenbonbons.

NR. 8 *(freundlich).* Nein, danke.
(Nr. 2 folgt Nr. 12 zum Water Cooler.)

NR. 7 *(schaltet den Ventilator ein, dessen Surren plötzlich die Stille durchbricht, und wendet sich zu Nr. 6, der zusammengezuckt ist).* Wissen Sie was?
(Nr. 2 blickt ihn verständnislos an.)
Es ist verdammt heiß.
(Nr. 6 nickt stumpf.)
Heut früh hab ich extra den telefonischen Wetterdienst angerufen. Und was glauben Sie, haben die mir für eine Auskunft gegeben? *(Grinst.)* Es wird der heißeste Tag des Jahres.
(Nr. 6 nickt.)
Man könnte doch wenigstens verlangen, dass die sich hier eine Klimaanlage leisten. Mir ist beinah die Puste ausgegangen im Gerichtssaal. *(Er holt tief Atem, geht zu*

einem der Fenster und reißt es auf.) Eine Affenhitze! Das hat mir noch gefehlt!

GERICHTSDIENER (*hat seine Zählung beendet und sagt laut aus dem Hintergrund*). In Ordnung, meine Herren. Wir sind vollzählig. Wenn Sie was benötigen, Sie brauchen nur zu klopfen.

(Er schließt von außen die Tür. Alle blicken sich um und hören, wie der Schlüssel umgedreht wird.)

NR. 5 *(will sich seine Pfeife anzünden und hält betroffen inne)*. Wird man denn hier eingeschlossen? Ich wusste das gar nicht.

(In das Schweigen der anderen schnaubt Nr. 10 in sein Taschentuch. Es tönt wie ein Trompetenstoß.)

NR. 10. Natürlich schließen sie uns ein. Was haben *Sie* gedacht?

NR. 5. So was ist mir noch nie passiert. *(Raucht an.)*

(Einige ziehen ihre Jacketts aus, hängen sie über die Stuhllehnen und setzen sich ebenfalls an den Tisch. Noch immer ist der Bann nicht gebrochen. Der Obmann hat an der Stirnseite des Tisches, die Eingangstür im Rücken, Platz genommen. Er beschäftigt sich damit, Papierstreifen für die künftige Abstimmung abzureißen. Nr. 8 blickt aus dem Fenster. Hinter ihn tritt Nr. 3.)

NR. 3. Sechs Tage! Das hätten sie auch in zwei erledigen können.

(Nr. 8 wirft ihm einen kurzen Blick zu und dreht sich dann wieder zum Fenster um.)

NR. 10 *(faltet sorgfältig sein Taschentuch zusammen)*. Allerdings! Wozu der Aufwand?

(Nr. 8 blickt sich wie vorher kurz um.)

OBMANN *(versucht sich Gehör zu verschaffen)*. Meine

Herren, was halten Sie davon, wenn wir einfach abstimmen?

NR. 10 *(geht zum Tisch)*. Keine schlechte Idee! Wir sollten ihn dafür in den Senat wählen. *(Setzt sich.)*

OBMANN *(einen Moment geschmeichelt, sieht sich nach der Uhr in seinem Rücken um)*. Es ist 4 Uhr 35.

NR. 3 *(nähert sich dem Tisch und nimmt seinen Platz neben Nr. 2 ein)*. Na, was sagen Sie zu dem Fall?

NR. 2 *(an einem Bonbon lutschend)*. Ich weiß nicht … es war ziemlich … immer dasselbe …

NR. 3 *(klopft ihm auf die Schulter)*. Bravo – ich wäre beinah eingeschlafen.

NR. 2. Ich bin … ich bin nie … nämlich noch nie Geschworener gewesen.

NR. 3. Da haben Sie Glück gehabt. Mich hat's schon ein paarmal erwischt. Und immer wieder verschlägt's mir den Atem, was so ein Anwalt zusammenfaselt. Die reden und reden! Da kann ein Fall noch so klar sein. *(Zu allen.)* Ich spreche von unserem Fall. *(Schweigen.)* Sagen Sie selbst, haben Sie schon jemals so viel Gewäsch über eine Lappalie gehört?

(Noch immer keine Reaktion. Nr. 2 lacht nervös auf.)

NR. 2. Ja, schon … nur ich glaube … Anwälte haben ja wohl das Recht dazu.

NR. 3 *(brüsk)*. Natürlich haben sie das Recht! Jeder hat das Recht auf ein saubres Verfahren! *(Schüttelt den Kopf.)* Das ist so unser System! *(Ironisch herausfordernd zu Nr. 2.)* Oder wollen Sie was dagegen sagen?

NR. 2 *(unsicher)*. Nein, im Gegenteil. – Möchten Sie ein Hustenbonbon? *(Hält ihm die Tüte hin.)*

NR. 3 *(übersieht es)*. Manchmal kommt es mir vor, wir würden besser fahren, wenn wir diese Lausebengels durchprügeln würden, bevor sie uns über den Kopf wachsen!? Wir könnten eine Masse Zeit und Geld damit sparen. – *(Stößt das Notizpapier vor sich weg.)* Na schön, wie wäre es, wenn wir jetzt anfingen?

NR. 7. Jääh, wir werden nicht drum rumkommen. Also starten wir!

OBMANN. Ich schlage vor, wir machen erst mal fünf Minuten Pause. Einer der Herren ist noch im Waschraum.

NR. 5 *(zögernd)*. Müssen wir eine bestimmte Sitzordnung einhalten?

OBMANN. Ja – ich denke schon.

(Die Unterhaltung löst sich in einzelne Gruppen auf. Nr. 12 und Nr. 8 stehen noch am Fenster. Das Folgende in sehr raschem Tempo.)

NR. 12 *(öffnet ein Fenster)*. Keine hässliche Aussicht. – Was sagen Sie zu dem Fall? Mich hat er kolossal interessiert. Nicht ein toter Punkt. Fanden Sie nicht auch? Wir können von Glück sagen, dass wir einen Mordfall bekommen haben. Ich hatte schon befürchtet, wir würden für Einbruch oder Erpressung und so kleine Fische herhalten müssen. So was kann sterbenslangweilig sein. *(Deutet hinaus.)* Sagen Sie, ist das nicht Woolworth?

NR. 8. Ja, ganz recht.

NR. 12 *(will Nr. 8 offenbar animieren)*. Jetzt hab ich mein ganzes Leben in dieser Stadt verbracht, und bin noch niemals bei Woolworth gewesen. Komisch, wie?

(Das Gespräch versandet. – Nr. 7 und Nr. 10 spazieren im Vordergrund auf und ab.)

NR. 7 *(zündet sich eine Zigarette an).* Jääh, die Sache mit dem Messer. Zu blöd, was? Erwachsene Menschen sollen so einen Quatsch schlucken!

NR. 10 *(verdrießlich).* Was haben Sie erwartet? Das gehört zu unserm Geschäft. *(Zieht sein Taschentuch.)*

NR. 7. Na, danke schön! – Haben Sie Schnupfen?

NR. 10 *(schnaubt in sein Taschentuch).* Und was für einen! Ein Niagarafall.

NR. 7. Passen Sie auf! Mit den Sommergrippen ist nicht zu spaßen.

(Nr. 10 bleibt stehen, biegt seinen Kopf in den Nacken und holt tief Atem. Dann wirft er Nr. 7 einen vernichtenden Blick zu.)

NR. 7 *(nickt ihm aufmunternd zu).* Ein Geschäftsfreund von mir ist vor ein paar Tagen daran gestorben.

NR. 10. Gemütsmensch! *(Lässt ihn stehen und geht zu seinem Platz.)*

NR. 3 *(blickt über die Schulter von Nr. 4, der, auf der Tischkante hockend, in eine Zeitung vertieft ist).* Was Aufregendes?

(Auf den gestörten Blick von Nr. 4 lächelt er.)

Ich habe heute noch keinen Blick in die Zeitung werfen können.

NR. 4 *(reicht ihm das Blatt).* Hüttenkupfer schon wieder um 2 Cents gefallen. Tendenz weiter sinkend. Das hab ich kommen sehen.

NR. 3 *(überaus höflich).* Ach, Sie sind aus der Industrie?

NR. 4 *(von oben herab).* Börse. Ich bin Makler, aber ich wäre besser Krankenpfleger im Weißen Haus geworden.

NR. 3. Ich habe einen Botendienst. Die »Wink & Ruf GmbH«, wenn Sie schon davon gehört haben. Der Name war eine Idee von meiner Frau. Mein Betrieb beschäftigt jetzt 37 Leute. Ich habe mit nichts angefangen.

OBMANN *(hat das letzte Wort aufgeschnappt und klopft mit dem Bleistift auf die Tischplatte).* Meine Herren, bitte Platz zu nehmen –

NR. 7. Zum ersten Abendessen!

OBMANN. Zur Abstimmung.

NR. 7 *(begibt sich zum Tisch).* Gemacht! Das Gute soll man rasch tun, meist kommt nichts Besseres nach! *(Zu Nr. 6.)* Ich habe Karten für das Baseball-Match heute Abend. Yankees gegen Cleveland. Das Spiel des Jahres! Haben Sie den neuen Wunderknaben schon gesehen, Mod-Mod-jewski oder wie er sich ausspricht?

NR. 11 *(buchstabierend).* Mod-je-lew-ski.

NR. 7. Ist doch egal. Der spielt bei uns! Ich bin ein Yankee. Ich sage Ihnen – ein Bulle – aber da ist alles dran! Eine richtige Rakete! *(Er hebt beide Arme wie zum Schlag.)* Wenn der abschießt, dann kreist der Ball 'n paarmal um die Erde.

(Er pfeift durch die Zähne, als ob er das Schwirren des Balles nachmachen wollte. Alle schauen ihm verdutzt zu, während er dem imaginären Ball nachblickt und plötzlich ohne Übergang sagt:)

Wie sollen wir jetzt sitzen?

OBMANN. Ja, ich würde vorschlagen, in der gleichen Reihenfolge wie auf der Geschworenenbank. *(Zeigt auf die Einzelnen.)* Zwei, drei, vier und so weiter. In Ordnung, meine Herren?

NR. 10. Was ist der Unterschied?

NR. 4. Keiner. Es ist nur einfacher.

NR. 10. Bitte sehr! *(Wechselt seufzend seinen Stuhl und setzt sich zwischen Nr. 11 und 12.)*

(Im Folgenden nehmen alle Platz, bis auf Nr. 8 und Nr. 9.)

NR. 12 *(währenddessen zu Nr. 11)*. Wie hat Ihnen der Staatsanwalt gefallen?

NR. 11 *(gehemmt durch seinen östlichen Akzent)*. Wie bitte?

NR. 12. Der Mann war unerbittlich. Wie er Punkt für Punkt haargenau anpeilte, das war Maßarbeit.

NR. 7. Wie Mod-Mod-jew-lewski!

NR. 11 *(sagt ihm die richtige polnische Aussprache)*. Modjelewski.

NR. 7. Sage ich ja! Den sollten Sie mal spielen sehen!

NR. 12. Alle Achtung vor dem Staatsanwalt! Dazu braucht's schon ein scharfes Auge und vor allem Köpfchen. Hat mich sehr beeindruckt.

NR. 11 *(ironisch)*. Ja, er hat sich sein Geld redlich verdient. Das muss man ihm lassen!

NR. 12. Er war in Top-Form. Wie mein Rolls-Royce. Man drückt auf den Starter – *(lässt ein zischendes Geräusch los)* und schon ist man am Ziel.

NR. 7 *(ruft zu ihm hinüber)*. Wie viel Strafzettel haben Sie schon bekommen?

NR. 12. Bis jetzt noch keinen.

NR. 7. Da haben Sie Schwein gehabt. Aber jetzt wollen wir starten.

(Alle haben Platz genommen. Nr. 8 ist noch, abgewandt, am Fenster stehengeblieben.)

OBMANN *(in die momentane Stille, zu Nr. 8 hin)*. Wollen Sie sich nicht auch setzen?

(Da Nr. 8 nicht reagiert, lauter.)

Der Herr am Fenster! –

(Nr. 8 fährt leicht zusammen und dreht sich um.)
Darf ich Sie höflichst einladen?

NR. 8 *(sehr verbindlich).* Oh, entschuldigen Sie. *(Geht auf seinen Platz zu, neben dem noch der Stuhl von Nr. 9 leer geblieben ist.)*

NR. 10 *(ungeduldig über den Tisch zu Nr. 4).* Ein harter Brocken, sich das Ganze vorzustellen! Ein zartes Knäblein bringt seinen Erzeuger um die Ecke. Päng, aus heiterm Himmel! *(Er erwartet Zustimmung.)*

NR. 12. Allerdings, wenn man die Tatsachen analysiert …

NR. 10. Ach was, analysiert! Hier ist die Wurzel allen Übels! Man lässt die Bürschlein auf freier Wildbahn grasen. Na schön, vielleicht sollte man sich einen Dreck um sie scheren, aber –

OBMANN *(unterbricht).* Es fehlt jemand.

NR. 6 *(deutet zum Waschraum).* Der alte Herr ist noch drin.

OBMANN. Würden Sie mal an die Tür klopfen?
(Nr. 6 erhebt sich und geht auf den Waschraum zu.)

NR. 7 *(zu Nr. 5).* Sind Sie auch für Yankees?

NR. 5. Nein, Baltimore.

NR. 7 *(schlägt sich an den Kopf).* Baltimore! O Madonna, der Schwanzklub! Die steigen dieses Jahr ab. Junger Freund, die Packung, die Baltimore kriegt, die möchte ich nicht nach Hause schleppen!
(Stille. Man hört das Geräusch einer Wasserspülung. Gleich darauf kommt Nr. 9 im Waschraum zum Vorschein, knipst das Licht aus und öffnet die Tür, an die Nr. 6 gerade anklopfen wollte.)

NR. 6. Entschuldigen Sie, ich wollte nur –

NR. 7 *(springt im gleichen Moment auf).* Diese Baltimore-Flaschen! Wenn Sie Mod-mod-jewski gesehen hätten, würden Sie Baltimore nicht mehr in den Mund nehmen!

NR. 11 *(soufflierend).* Modjelewski.

NR. 7 *(abwinkend).* Ist ja egal, wie er heißt.

OBMANN *(fährt dazwischen).* Wir sollten jetzt endlich anfangen.

NR. 7 *(setzt sich wieder und schüttelt verzweifelt den Kopf).* Baltimore! Oh, Mamma mia!

(Nr. 9 ist mit Nr. 6 zum Tisch gekommen.)

NR. 9. Entschuldigen Sie, meine Herren, ich wollte Sie nicht warten lassen.

OBMANN. Sie sind entschuldigt. Bitte nehmen Sie Platz.

(Nr. 9 will sich auf den Platz von Nr. 6 setzen.)

Nein, dort bitte.

(Nr. 9 kehrt um und setzt sich auf den richtigen Platz. Alle blicken erwartungsvoll auf den Obmann.)

OBMANN *(etwas hilflos).* Ja also – ich überlasse es ganz Ihnen, meine Herrn, wie wir vorgehen wollen. Ich meine – ich will keine Regeln aufstellen. Vielleicht diskutieren wir erst den Fall, und dann stimmen wir ab. Das wäre eine Möglichkeit. Oder wir können auch gleich abstimmen. Dann wissen wir, woran wir sind. Ja … das ist alles.

NR. 4 *(bestimmt).* Es ist im Allgemeinen üblich, zunächst einen Test vorzunehmen.

NR. 7. Ja, testen wir! Manchmal schießt ein Besen, und wir können alle heim zu Muttern!

OBMANN *(wappnet sich mit Formalität).* Wie Sie wünschen. Nur – wir wollen nicht vergessen, dass wir es mit einem Mord ersten Grades zu tun haben. Stimmen wir »schuldig«, so schicken wir den Angeklagten auf den elektrischen Stuhl. So schreibt es das Gesetz vor.

NR. 4 *(unwirsch)*. Das ist keine Neuigkeit!

NR. 3. Worauf warten wir noch? Stimmen wir ab!

NR. 10. Also Hände hoch! Das Resultat ist klar.

OBMANN. Irgendein Einwand?

(Er blickt sich um. Kein Widerspruch.)

Gut. Das Resultat muss 12 : 0 sein, so oder so. – Sind wir so weit? – Alle, die für »schuldig« stimmen, ersuche ich, die Hand zu heben.

(Sieben oder acht Hände gehen sofort in die Höhe, der Rest nicht ganz so rasch. Jeder sieht sich um, während der Obmann zu zählen beginnt. Als letzter hebt Nr. 9 seine Hand. Nur die Hand von Nr. 8 bleibt unten.)

Neun … zehn … elf … Also elf Stimmen für »schuldig«. In Ordnung. – »Nicht schuldig«?

(Nr. 8 hebt langsam die Hand.)

Eine. – Klar, 11 : 1 für »schuldig«. Jetzt wissen wir wenigstens, woran wir sind.

NR. 10 *(stöhnend)*. Junge, Junge! Einer muss immer aus der Reihe tanzen.

NR. 7. So, das hätten wir! Und was jetzt?

NR. 8. Nun, ich denke, wir sprechen jetzt über die Sache.

NR. 10. Sie können so bleiben!

NR. 3 *(beugt sich hinüber zu Nr. 8)*. Das ist die Höhe! Glauben Sie wirklich, er ist unschuldig?

NR. 8 *(ruhig)*. Ich weiß es nicht.

NR. 3 *(einlenkend)*. Seien wir doch mal vernünftig! Sie haben im Gerichtssaal gesessen und genau die gleichen Dinge gehört wie wir alle. Der Bursche ist ein gemeingefährlicher Mörder. Das haben Sie ihm doch angesehen.

NR. 8. Er ist neunzehn Jahre alt.

NR. 3. Alt genug, um seinen Vater zu erstechen! Zehn Zentimeter tief in die Brust!

NR. 6. Der Fall liegt eigentlich klar. Ich war eigentlich … ja, ich war vom ersten Tag an überzeugt, dass –

NR. 3 *(schneidet ihm das Wort ab)*. Sie waren nicht der Einzige! *(Zu Nr. 8, beherrschter.)* Der Fall ist nun wirklich bis in die letzte Einzelheit aufgeklärt. *(Mit Kopfbewegung zur Eingangstür.)* Die haben sich so viel Mühe gegeben, es uns zu beweisen. Wieder und wieder. Ja, soll ich am Ende gescheiter sein als die studierten Richter?

NR. 8. Niemand verlangt es von Ihnen.

NR. 10. Ja, was wollen Sie dann noch?

NR. 8. Ich möchte nur darüber sprechen.

NR. 7. Und was soll dabei rauskommen? Elf der Anwesenden sprechen ihn schuldig. Das ist genug gesprochen! Nicht einer hat das geringste Bedenken – bis auf Sie!

NR. 10 *(beugt sich zu Nr. 8 vor)*. Nur eine Frage.

NR. 8. Bitte.

NR. 10. Glauben Sie dem Jungen ein Wort?

NR. 8. Ich weiß nicht, ob ich ihm glaube. Vielleicht glaube ich ihm nicht.

NR. 7. Dann versteh ich noch weniger, warum Sie für »nicht schuldig« gestimmt haben!

NR. 8. Elf haben ihn schuldig gesprochen. Ich kann nicht so einfach meine Hand heben und jemanden in den Tod schicken. Ich muss erst darüber sprechen.

NR. 10. Sie hören sich wohl gerne selber reden?

NR. 7. Na, dann wollen wir mal den Ball abfangen. Für mich ist der Kerl schuldig. Und wenn Sie hundert Jahre alt werden, meine Meinung werden Sie nicht ändern. Hugh, ich habe gesprochen.

NR. 8. Ich will Ihre Meinung auch gar nicht ändern. Aber wir entscheiden über ein Menschenleben. Angenommen, wir haben unrecht?

NR. 7. Angenommen, das ganze Gerichtsgebäude stürzt über meinem Kopf zusammen?! Annehmen kann man alles – *(zu den anderen)* oder habe ich unrecht?

NR. 8. Nein, Sie haben recht.

NR. 7. Na, sehen Sie! Und was ist für ein Unterschied, wie lange ich dazu brauche? Ich hebe meine Hand hoch, weil ich überzeugt bin. Wir alle sind einfach überzeugt. Ich brauche dazu nicht mal fünf Minuten. –

NR. 8. Ich brauche vielleicht eine Stunde. – Das Baseball-Match fängt ja nicht vor acht Uhr an.

NR. 7 *(blickt ihn eine Sekunde verärgert an)*. Aber man muss rechtzeitig seinen Platz belegen. Waren Sie schon mal bei so einem Match?

NR. 8. Nein.

NR. 7. Aber mitreden! Jetzt machen Sie mal 'n Punkt! Jetzt spricht Papa. *(Lächelt plötzlich versöhnlich.)* Sie wollen uns ja nur zum Besten haben. Aber darauf fall ich nicht rein. *(Wendet sich zu Nr. 5 hinüber und zeigt an seine Schläfe.)* Baltimore!

OBMANN *(klopft mit dem Bleistift auf den Tisch)*. Will noch jemand etwas sagen?

(Blickt auf Nr. 2, der den Kopf schüttelt.)

NR. 2 *(fast erschrocken)*. Ich nicht.

(Der Obmann blickt sich um. Einige wehren ab, andere rühren sich nicht. Er fixiert Nr. 9.)

NR. 9. Ich habe nichts dagegen, dass wir eine Stunde hierbleiben.

NR. 10 *(fährt ihn an)*. Idiot! – Entschuldigen Sie, es ist mir so rausgerutscht!

NR. 9 *(lächelt milde)*. Bitte, bitte, tun Sie sich keinen Zwang an.

NR. 10 *(nach einer Pause)*. Ich nehme Sie beim Wort. Gestern Abend habe ich einen guten Witz gehört …

NR. 8 *(unterbricht scharf)*. Dazu sind wir nicht hier.

NR. 10. Gut, gut, gut, dann klären Sie mich auf, warum wir hier sind. Oder wissen Sie es selber nicht?

NR. 8. Ich weiß nur, dass dieser Junge sein ganzes Leben herumgestoßen wurde. Er ist in einem Elendsviertel aufgewachsen, hat früh seine Mutter verloren. Damals war er neun Jahre alt. Für anderthalb Jahre hat man ihn in ein Waisenhaus gesteckt, weil sein Vater eine Gefängnisstrafe absitzen musste. Wegen Scheckfälschung, stimmt's?

(Die anderen schweigen.)

Ja, das ist kein gutes Sprungbrett fürs Leben. *(Zu Nr. 10.)* Wie sagten Sie noch – auf freier Wildbahn gegrast? Man hätte sich eben mehr um ihn kümmern sollen.

NR. 3. Unsere Waisenhäuser sind okay. Wir zahlen Steuern dafür.

NR. 8. Unsere Steuern können kein Elternhaus ersetzen. Ein Waisenhaus ist wie eine Kaserne. Anonym.

NR. 10. Sie haben wohl nie gedient?

NR. 8 *(beiläufig)*. Ich bin im letzten Krieg zweimal verwundet worden. – Aber die Wunden, die man diesem Jungen geschlagen hat, haben sein Leben bestimmt. Und wissen Sie, warum? Weil ihn jemand ins Gesicht geschlagen hat, Tag für Tag, meine Herren.

NR. 3. Schade um jeden Schlag, der vorbeigegangen ist!

NR. 8. Und wissen Sie auch, wer ihn geschlagen hat? Nicht nur sein eigner Vater, nicht nur unsere sogenannten Erzieher, nicht der Waisenhausvater, nein, meine Herren –

NR. 7. Jetzt bin ich aber gespannt.

NR. 8 *(sehr ruhig)*. Wir. – Neunzehn erbärmliche Jahre sind an diesem Jungen nicht spurlos vorübergegangen. Er ist verbittert. Und deshalb – denke ich, schulden wir ihm ein paar Worte. – Das ist alles.

(Er blickt sich um. Einige erwidern indolent seinen Blick, andere vermeiden ihn. Nr. 9 nickt nachdenklich. Nr. 12 beginnt auf seinem Notizpapier zu kritzeln.)

NR. 10 *(schnaubt in sein Taschentuch, dann sarkastisch)*. Ich bin gerührt. Denken Sie von mir, was Sie wollen! Aber wir schulden ihm nicht so viel. *(Er schnippt mit den Fingern.)* – Er hat ein saubres Verfahren bekommen. Glauben Sie, das ist umsonst?

NR. 3. Alles auf unsere Kosten!

NR. 10. Ja, was will er denn noch? Er kann froh sein, dass wir so freigebig waren. *(Zu Nr. 11.)* Stimmt's?

(Nr. 11 enthält sich jeder Äußerung.)

NR. 10 *(über den Tisch zu Nr. 3, Nr. 4 und Nr. 5)*. Wir sind doch keine Quäker! Wir haben die Tatsachen gehört – *(wendet sich zu Nr. 8, aggressiv)* und jetzt wollen Sie uns weismachen, dass wir dem Bürschlein glauben sollen! Mir kann der nichts vormachen, nicht so viel *(schnippt wieder mit den Fingern)* – nicht das Schwarze unter dem Nagel glaube ich dem. Ich habe lange genug unter ihnen gelebt, ich kenne sie in- und auswendig. *(Zu allen.)* Die sind geborene Verbrecher, alle durch die Bank! Untermenschen!

NR. 11 *(halblaut vor sich hin)*. Untermenschen.

NR. 10. Mir können Sie das glauben!

(Betretenes Schweigen.)

NR. 9 *(sehr langsam)*. Es ist möglich … aber es ist entsetzlich, so was zu glauben. Gibt es tatsächlich geborene Verbrecher? – Ist das Verbrechen denn typisch für eine bestimmte Klasse? Seit wann? Und wer, sagen Sie mir das bitte, hat schon ein Monopol auf die Wahrheit? Wer? Sie vielleicht? *(Das Letztere hat er zu Nr. 10 gesprochen.)*

NR. 3. Papperlapapp, wir brauchen keine Sonntagspredigt!

NR. 9 *(mit leiser Erregung).* Entschuldigen Sie, aber die Ansichten dieses Herrn erscheinen mir denn doch gefährlich –

(Nr. 8 legt beschwichtigend seine Hand auf den Arm von Nr. 9, der sich allmählich beruhigt.)

OBMANN *(ungeduldig).* Gefährlich oder nicht, wir müssen unser Geschäft zu Ende bringen. Also bitte, meine Herren!

NR. 12. Warum die Aufregung? Essen Sie Puffreis, meine Herren! Das ist nur eins von den Erzeugnissen, für die ich mir in meiner Reklameabteilung den Kopf zerbreche. »Puffreis zum Frühstück, sagt schon Plato, macht stärker als die ganze Nato!« Dieser Slogan ist meine höchsteigene Erfindung. Der Chef hat mir dafür Gehaltszulage bewilligt. *(Zu Nr. 11.)* Muss einem einfallen, wie?

NR. 11 *(unterdrückt ein unfreiwilliges Lächeln).* Muss einem einfallen.

NR. 4 *(leicht sarkastisch).* Mit Puffreis kommen wir nicht weiter, wenn wir uns nicht benehmen können.

NR. 7. Einverstanden. Ich bin für Benimm!

NR. 4. Eine Diskussion ist nur fruchtbar, solange wir uns an die Tatsachen halten.

OBMANN. Ein guter Vorschlag! Irgendein Einwand?

(Nr. 11 hebt die Hand.)

Ja?

NR. 11. Wenn die Herren nichts dagegen haben, möchte ich den Ventilator abstellen. *(Er steht auf, stellt den Ventilator ab, dann bedauernd.)* Es hat mir in den Nacken gezogen.

NR. 10. Kein Wunder, wenn man sich hier den Tod holt! *(Schnaubt sich kräftig.)*

OBMANN. Wir haben doch alle das gleiche Interesse. Wir wollen uns einigen. Schließlich können wir nicht ewig hier sitzen ... *(Zustimmung; dann zu Nr. 8.)* Vielleicht könnte der Herr da unten, der nicht mit uns übereinstimmt, uns behilflich sein. – *(Zu allen.)* Oder wissen Sie, was er eigentlich will? Dann wäre es leichter, ihm zu beweisen, dass er auf dem Holzweg ist.

(Alle Blicke richten sich auf ihn. Nur Nr. 12 kritzelt abwesend auf einem Blatt Papier.)

OBMANN *(nach einer Weile unwillig)*. Wollen Sie einen schriftlichen Antrag stellen?

(Nr. 12 reagiert noch immer nicht. Nr. 11 stößt ihn an.)

NR. 12 *(blickt auf und lächelt verlegen)*. Oh, Pardon, ich habe mir das so angewöhnt. Beim Kritzeln fällt mir immer etwas ein. *(Nach einer wichtigtuerischen Pause.)* Ja – das wäre vielleicht eine Idee. Lassen Sie mich eine Sekunde nachdenken – *(fixiert Nr. 8)* ja natürlich, es ist unsere Aufgabe, diesen Herrn zu überzeugen, dass wir im Recht sind und er im Unrecht. Vielleicht könnte jeder von uns ein bis zwei Minuten darauf verwenden. Wie finden Sie das?

OBMANN. Gar nicht so übel. *(Mit einer umschreibenden Handbewegung.)* Also einmal reihum!

NR. 7. Wenigstens ein Fortschritt! Ich bin startbereit.

OBMANN. Dann fangen Sie an.

NR. 12. Wir halten uns vielleicht besser an die Sitzfolge.

OBMANN. Auch gut. Zwei Minuten pro Kopf. *(Zu Nr. 2.)* Sie sind der Erste.

NR. 2 *(peinlich berührt).* Ja ... was soll ich sagen ... das ist gar nicht so leicht ... ich ... ja, er ist sicher schuldig. Das ist doch von Anfang an klar gewesen ... einen Gegenbeweis hat bisher niemand erbracht.

NR. 8. Den braucht auch niemand zu erbringen. Die Beweislast obliegt allein dem Gericht. So steht es in unserer Verfassung. Sie brauchen nur nachzulesen.

NR. 2 *(verwirrt).* Jaja, das weiß ich schon ... ich wollte auch nur sagen ... na eben, der Mann ist schuldig. Es gibt doch jemand, der die Tat gesehen hat – *(Sieht hilfesuchend Nr. 3 an.)*

NR. 3. Endlich! Sprechen wir endlich über Tatsachen! Lassen wir die persönlichen Gefühle zu Hause! Da ist ein alter Mann, der im zweiten Stock wohnt, direkt unter dem Mordzimmer. Er hat ausgesagt, es habe sich wie ein Kampf angehört, und dann habe der Junge laut gerufen: »Ich bring dich um!« Er hat es deutlich verstanden! Eine Sekunde später fiel ein Körper zu Boden, und er lief zur Wohnungstür, sah hinaus – und was sah er? Das Bürschlein rannte die Treppe runter und aus dem Haus. Dann holte er die Polizei. Sie fanden den Vater mit einem Messer in der Brust ... und der Gerichtsarzt stellte fest, dass der Tod um Mitternacht eingetreten sein muss. – Das sind Tatsachen. Tatsachen lassen sich nicht widerlegen. Der Junge ist schuldig! Daran gibt's nicht zu rütteln. Ich bin nicht so sentimental wie ein gewisser Herr. Mir ist auch bekannt, dass der Junge erst neunzehn ist, aber das schützt ihn nicht davor, dass er für seine Tat bezahlen muss!

NR. 7. Ganz Ihrer Meinung!

OBMANN. Danke. Der Nächste.

NR. 4. Für mich hat nie ein Zweifel bestanden, dass die ganze Geschichte, die uns der Junge aufgetischt hat, doch reichlich fadenscheinig ist. Er behauptet, er sei zur Zeit des Verbrechens im Kino gewesen, und schon eine Stunde später hat er sich nicht mehr erinnern können, welche Filme er gesehen hatte. Ja, sogar die Namen der Stars waren ihm entfallen. Ein bisschen merkwürdig, nicht wahr?

NR. 3. Bitte, da hören Sie es! *(Zu Nr. 4.)* Sie haben völlig recht.

NR. 10 *(fällt ungeduldig ein)*. Und was ist mit der Frau auf der andern Straßenseite? Wenn ihre Aussage nichts beweist, dann können mir alle Beweise gestohlen bleiben.

NR. 11. Ja, allerdings – die Frau hat als Einzige den Mord mitangesehen.

OBMANN *(zu Nr. 11)*. Der Reihe nach, wenn ich bitten darf.

NR. 10 *(steht auf, das Taschentuch in der Hand)*. Moment, hier ist eine Frau, die im Bett liegt und nicht einschlafen kann.

NR. 7. Wo? Der Frau kann geholfen werden!

NR. 10 *(wirft ihm einen ärgerlichen Blick zu und beginnt um den Tisch zu wandern, sich hier und da über seine gerötete Nase wischend)*. Sie erstickt fast vor Hitze. So war's doch? Jedenfalls blickt sie aus dem Fenster und sieht gerade noch, wie das Söhnchen das Messer in seinen Vater stößt. Es ist zehn Minuten nach Mitternacht, auf die Sekunde. Der Beweis ist lückenlos. Die Frau hat den Burschen seit seiner Geburt gekannt. Sein Fenster liegt schräg gegenüber auf der andern Straßenseite, jenseits der Schienen der elektrischen Hochbahn. Und sie hat unter Eid ausgesagt, dass sie den Mord gesehen hat.

NR. 8. Durch die Fenster eines vorbeifahrenden Hochbahnzuges.

NR. 10 *(hinter seinem Taschentuch).* Richtig. Aber der Zug war leer und fuhr in Richtung City. Er war auch unbeleuchtet, wenn Sie sich erinnern. Und die Sachverständigen haben uns bewiesen, dass man bei Nacht durch die Fenster eines vorbeifahrenden Hochbahnzuges sehen kann, was auf der anderen Seite vorgeht. *(Bleibt stehen und schlägt auf den Tisch.)* Sie haben es bewiesen!

NR. 8 *(steht auf).* Eine Frage. Sie trauen dem Jungen nicht. Was veranlasst Sie, der Frau zu trauen? Sie stammt doch aus demselben Milieu?

NR. 10 *(droht ihm).* Ach Sie – Sie sind ein ganz geriebener Gauner …

(Die Übrigen nehmen keine Stellung.)

OBMANN *(steht nervös auf).* Aber, aber, meine Herren! Immer mit der Ruhe!

NR. 7 *(energisch).* Lassen Sie ihn doch reden! *(Klopft Nr. 10 auf den Rücken.)* Tief durchatmen, entspannen! *(Führt ihn zu seinem Stuhl zurück.)*

NR. 10 *(setzt sich unter Protest gegen Nr. 8).* Er hat die Weisheit mit Löffeln gefressen, Sie werden schon sehen –

OBMANN *(winkt ihm ab).* Gut, gut, wir sind doch nicht da, um uns zu streiten. *(Blickt den Tisch hinunter.)* Wer kommt dran?

NR. 12 *(deutet auf Nr. 5).* Fünf.

OBMANN. Bitte. Sie haben zwei Minuten.

NR. 5 *(befangen).* Ja … ich hatte so ein Gefühl …

NR. 10. Lauter!

NR. 5 *(bricht ab)*. Ich verzichte. Ich gebe das Wort weiter.

OBMANN. Das steht Ihnen frei. – Der nächste Herr?

NR. 6 *(bedächtig)*. Ich weiß nicht ... vorhin war ich ganz sicher, ich frage mich bloß ... das Motiv ist schließlich die Hauptsache, denke ich. Wo es kein Motiv gibt, gibt's auch keinen Fall. Oder? Das Motiv beschäftigt mich. Zum Beispiel die Aussage der Leute, die Flur an Flur mit dem Burschen wohnen ... das hat mich immerhin überzeugt. Die sagten doch etwas von einer Auseinandersetzung zwischen dem Vater und dem Jungen – so gegen sieben Uhr abends. Ich kann mich auch irren.

NR. 11. Es war acht Uhr, nicht sieben.

NR. 8. Ja, acht Uhr abends. Die Nachbarn hörten einen Streit, aber sie konnten nicht verstehen, worum es ging. Dann wollten sie auch noch gehört haben, dass der Vater den Jungen ins Gesicht schlug, zweimal, und zuletzt sahen sie den Jungen wütend die Wohnung verlassen. Was beweist das?

NR. 6. Genaugenommen – nichts. Ich habe ja nicht gesagt, dass es was beweist. Aber es ist nicht alles –

NR. 8 *(insistiert)*. Sie haben gesagt, dass sich ein Motiv für den Mord daraus ergeben könnte. Genau wie der Staatsanwalt. Nur, ich habe den Eindruck, dass es kein sehr stichhaltiges Motiv ist. Der Junge ist so oft in seinem Leben geprügelt worden, dass Prügel sozusagen sein tägliches Brot waren. Es überzeugt mich nicht, dass ihn plötzlich zwei Ohrfeigen so reizen sollen, dass er deswegen gleich zum Mörder wird.

NR. 4. Es können zwei zu viel gewesen sein. Bei jedem ist das Maß einmal voll.

(Nr. 8 mustert Nr. 4 schweigend über den Tisch weg, und

in der gleichen Sekunde wird ihm bewusst, dass er wahrscheinlich seinem gefährlichsten Gegner gegenübersitzt, der Logik mit Gefühlskälte verbindet.)

OBMANN *(zu Nr. 6)*. Noch etwas?

NR. 6. Nein. *(Geht zum Water Cooler.)*

OBMANN. Okay – Und Sie?

NR. 7. Ich? *(Läuft mit rudernden Armbewegungen auf und ab, als müsste er sich Luft machen.)* Ich schwitze, und praktisch ist schon alles gesagt. Wir können doch nicht bis zum Spielende … äh, die ganze Nacht darüber reden. Immer der gleiche Schwindel! Das Knäblein hat's faustdick hinter den Ohren. Schauen Sie sich doch den Lebenslauf dieses Unschuldsengels an: ein einziger Slalom nach Sing-Sing. Mit 10 Jahren vor dem Jugendrichter, weil er mit einem Stein seinem Pauker ein Loch gemacht hat. Was ich ihm nicht mal übelnehme! Mit 15 in einer Besserungsanstalt. Autodiebstahl in Tateinheit mit Trunkenheit am Steuer. Wieder ging er hops. Dann noch zweimal wegen Messerstecherei geschnappt. Ja, mit dem Messer weiß er Bescheid, hat der Herr Präsident selber festgestellt. Junge, Junge, ein feines Früchtchen!

NR. 8. Seit seinem fünften Jahr hat ihn sein Vater tagtäglich misshandelt. Das hat der Herr Präsident auch feststellen müssen. Mit der Faust ins Gesicht geschlagen …!

NR. 7. Den hätte ich auch vertrimmt! Diesen Mistbock!

NR. 3 *(fällt schnell ein)*. Und wie! Aber so sind die Strolche heutzutage! Als ich in seinem Alter war, habe ich meinen Vater mit Sie angeredet. Das war damals so Sitte. Wer von diesen Lausebengels redet heute noch seinen Vater mit Sie an?

NR. 8. Die Väter legen wohl kaum mehr Wert darauf.

NR. 3. Haben Sie eine Ahnung!

NR. 8. Ich habe drei Söhne.

NR. 3. Sie Ärmster! Ich habe nur einen. Das langt. Er ist jetzt 21. Soll ich Ihnen mal was erzählen? Als er 9 war, ist er vor einer Schlägerei getürmt. Kameraden in seinem Alter. Ich kam gerade dazu. Ich habe mich so für ihn geschämt, dass ich ihn am liebsten verleugnet hätte. – Nachher habe ich ihn mir vorgeknöpft und ihm ins Gewissen geredet. »Bürschlein«, habe ich ihm gesagt, »ich werde noch einen ganzen Kerl aus dir machen, oder sonst zerquetsche ich dich zwischen den Fingern!« *(In der Rage greift er in seine Brusttasche und zieht ein Portefeuille hervor.)* Und Sie können sich drauf verlassen, ich *habe* einen aus ihm gemacht! Als er 16 war, haben wir miteinander geboxt. Er schlug mir das Auge auf. *(Er schlägt sich mit der Faust gegen seine rechte Braue.)* Ich habe geblutet wie ein Schwein. *(Er zieht eine Fotografie aus der Brieftasche und streckt sie Nr. 8 hinüber.)* Er hat Bärenkräfte, schauen Sie ihn an …!

NR. 8 *(greift, während die anderen schweigen, nach dem Foto und betrachtet es).* Er hat gute Augen.

NR. 3 *(wirft ihm einen verächtlichen Blick zu).* Sie können ja mal mit ihm boxen. Der haut Sie zusammen wie nichts. *(Reißt Nr. 8 plötzlich das Foto aus der Hand und betrachtet es mit wehmütigem Stolz.)* Da gibt man sein Herzblut her, um was aus ihnen zu machen. Und wie danken sie's einem? – Seit zwei Jahren hab ich ihn nicht … *(Er bricht ab, denn er hat schon mehr gesagt, als er zugeben wollte, und mit einer Leidenschaft, über die er selbst erschrickt. Er weicht dem Blick von Nr. 8 aus und steckt das Foto wieder in die Brieftasche, nicht ohne es noch einmal angesehen zu haben. Dann blickt er jäh auf und fügt gereizt hinzu:)* Erledigt! Machen wir weiter!

NR. 4. Ich fürchte, wir reden aneinander vorbei. Dieser Junge ist ... das Produkt einer verseuchten Umgebung oder – *(zu Nr. 8)* wie sagten Sie? Milieu. Wir können daran nichts ändern. Unsere Aufgabe ist lediglich, zu entscheiden, ob er schuldig oder unschuldig ist. Die Gründe, warum er so aufwuchs, haben wir nicht zu untersuchen. Das müssen wir schon den Sozialfürsorgern überlassen. – Er ist in einem Elendsviertel zur Welt gekommen. Elendsviertel sind nun mal Brutstätten für Verbrecher. Wir wissen es alle. Es ist kein Geheimnis, dass Kinder aus solchem Sumpfboden unsere Gesellschaftsordnung permanent gefährden, und deshalb glaube ich –

NR. 10 *(unterbrechend).* Kamerad, sagen Sie das noch einmal! Man kann es nicht oft genug sagen! Kinder, die aus solchem Boden hervorkriechen, sind Abfall, nichts als Abfall! Auf den Müllhaufen damit! Ich kann sie nicht riechen, ohne dass mir schlecht wird!

NR. 7. Soll ich den Ventilator anstellen?

(Sekundenlang tritt eisige Stille ein.)

NR. 5 *(zögernd).* Ich habe mein ganzes Leben in so einem Viertel zugebracht.

NR. 10 *(fährt ihn an).* Ich bin noch nicht fertig!

NR. 5 *(lässt sich nicht mehr einschüchtern, heftig erregt).* Ich habe in Hinterhöfen gespielt, wo es nach Abfall stank. Vielleicht rieche ich noch immer.

NR. 10 *(schreit).* Sie sollen das Maul halten, mein Goldjunge ...!

OBMANN *(springt auf).* Das geht zu weit, meine Herren! Bitte, nicht persönlich werden ...

NR. 5 *(springt ebenfalls auf und zeigt mit seiner Pfeife auf Nr. 10)*. Das müssen Sie *ihm* sagen! Ich …
(Er beherrscht sich, denn das Starren der anderen macht ihn wieder unsicher. Er setzt sich abrupt und verkrampft die Hände zur Faust. Nr. 6 tötet die auf den Tisch gefallene Feuerasche mit seinem Bleistift ab.)

NR. 12 *(beschwichtigend)*. Kein Grund zur Aufregung! Er hat ja nicht Sie persönlich gemeint, Herr Kollege. Wir wollen nicht gleich so empfindlich sein.

NR. 11 *(verhalten, mit einem noch verborgenen Nebensinn)*. Es kommt immer darauf an, was für Erfahrungen man hat.

NR. 12 *(beleidigt)*. Danke.

NR. 11 *(verbindlich)*. Bitte.

OBMANN *(enerviert)*. Vielleicht könnten wir endlich mit der Zankerei aufhören. Es kostet nur unsere Zeit. *(Deutet schnell auf Nr. 8.)* Sie sind dran. Bitte, beeilen Sie sich.

NR. 8 *(lächelnd)*. Ich hatte nicht damit gerechnet, dass ich mich auch äußern soll. Sie alle wollen doch mich überzeugen. *(Zu Nr. 12.)* Das war doch Ihre Idee?

NR. 12 *(verstimmt)*. Natürlich war's meine Idee!

NR. 10 *(stöhnend)*. Meine Idee – deine Idee – was ist der Unterschied? *(Zeigt auf Nr. 8.)* Er hat uns hier eingesperrt. Jetzt soll er auch Farbe bekennen.

OBMANN. Moment mal! Wir haben uns geeinigt, dass wir die Reihenfolge einhalten. Darauf möchte ich bestehen. Sie sind noch nicht dran.

NR. 10 *(kehrt ihm den Rücken)*. Bin ich eben nicht dran. Sie benehmen sich wie ein Greenhorn.

OBMANN. Greenhorn – was wollen Sie damit sagen!?!

NR. 10. Raten Sie mal! »Green« wie die Heide und »Horn«

wie das vom Ochsen. Das Ganze ist keine Beleidigung, sondern ein zusammengesetztes Wort.
(Einige lachen.)

OBMANN *(mit mühsamer Fassung)*. Gut, ich nehme Ihre Entschuldigung an. Aber ich bemühe mich hier, so etwas wie eine Geschäftsordnung einzuführen. Ich sehe mich in der Minderheit.
(Alle schweigen. Würdevoll fährt er fort.)
Ich fordere den Herrn, der mich einen Ochsen genannt hat, trotz seines Rückziehers auf, meinen Platz einzunehmen. Er kommt ihm zu.

NR. 10 *(noch immer abgewandt)*. Ach machen Sie sich doch nicht mausig!

OBMANN. Der Herr will sich offenbar vor der Verantwortung drücken. Ich lege mein Amt nieder.

NR. 10 *(dreht sich um, einlenkend)*. Wir sind ja mit Ihrer Geschäftsführung ganz zufrieden. Sie haben nur etwas schwache Nerven.

OBMANN *(vereist)*. Bitte, hier ist mein Stuhl. Er ist frei. Ich weiche den stärkeren Nerven. – *(Zu Nr. 10.)* Na, bequemen Sie sich schon, Herr Obmann. Wir sind alle neugierig, wie Sie den Laden in Schwung bringen.

NR. 10 *(grinst versöhnlich)*. Also ich nehme den Ochsen auf mich – und Sie bleiben Obmann. Ist das eine Idee?

OBMANN *(noch immer ganz verletzte Autorität)*. Sie halten das wohl für komisch?

NR. 12 *(will vermitteln)*. Aber das Ganze ist doch so unwichtig.

OBMANN. Unwichtig? – *(Deutet auf seinen Stuhl.)* Bitte, versuchen Sie's doch.

NR. 12. Kein Mensch will Sie verdrängen. Sie machen Ihre Sache großartig.

NR. 7 *(mit weit ausholender Geste).* Großartig! Bleiben Sie im Feld! Schmeißen Sie den Ball! *(Er blickt über die Schulter zur Uhr, die auf 5 geht.)* Wenn wir nicht bald zu Ende kommen, fangen die noch ohne mich an.

NR. 10 *(zeigt auf Nr. 8).* Da müssen Sie sich bei dem Herrn bedanken. Nu reden Sie schon!

NR. 8. Ich wollte nur Ihre Unterhaltung nicht stören.

OBMANN *(nimmt seinen Platz wieder ein, autoritär).* Niemand stört hier, der uns weiterbringt.

NR. 8. Ich bilde mir nicht ein, mehr zu wissen als Sie. – Nach den Zeugenaussagen sieht es ganz so aus, als ob der Junge schuldig wäre.

NR. 3. Davon sprechen wir jetzt seit einer Stunde! Was wollen Sie denn noch?

NR. 8. Es ist durchaus möglich, dass er schuldig ist. Ich habe sechs Tage im Gerichtssaal gesessen und zugehört, wie die Beweise zusammengetragen wurden. Alles passte so genau zueinander, dass es mir beinahe unheimlich wurde. Da sind mir auf einmal Bedenken gekommen. Vielleicht grundlos. Aber ein Gefühl werde ich nicht los. Der Verteidiger hat die Zeugen nicht so ins Kreuzverhör genommen, wie es seine Pflicht gewesen wäre. In vielen Dingen hat er sehr bald kapituliert.

NR. 10. Da kennen Sie die Brüder aber schlecht! Die sind hartgesotten. Wenn *die* schon keine Fragen mehr stellen, dann wissen sie genau, dass was stinkt.

NR. 8. Kann sein. – Aber auch ein Rechtsanwalt kann versagen. Ganz einfach versagen. Es ist durchaus nicht ungewöhnlich.

NR. 7. Wenn Sie auf meinen Schwager anspielen, dann ha-

ben Sie recht. Der ist nämlich Rechtsverdreher und hat mich schon eine Stange Geld gekostet.
(Einige Geschworene lachen.)

NR. 8. Ich versuche immer, mich an die Stelle des Jungen zu versetzen. Ich glaube, ich hätte einen anderen Offizialverteidiger verlangt. Wenn es um meinen Kopf gegangen wäre, ich hätte diesen Anwalt abgelehnt. Ich hätte ihn zumindest aufgefordert, dass er die Zeugen ganz anders in die Zange nimmt. Zum Beispiel die Aussage jener Augenzeugin über den Mord. Wieder ein andrer behauptet, er habe den Mord nur *gehört* und dann den Jungen flüchten sehen. Von dem ganzen Gebäude der Indizienbeweise waren diese beiden Aussagen sozusagen das Fundament für die Anklage. Angenommen, im Grundriss war ein Fehler?

NR. 12 *(ist aufgestanden und tritt hinter Nr. 8)*. Was nennen Sie Fehler? Wozu hat man überhaupt Zeugen?

NR. 8 *(dreht sich nach ihm um, aufmerksam von Nr. 9 verfolgt)*. Sie könnten sich immerhin geirrt haben.

NR. 12. Sie sind vorher vereidigt worden. Da irrt man sich nicht so leicht.

NR. 8. Es sind nur Menschen. Menschen machen Fehler. *(Sieht Nr. 12 eindringlich an.)* Sie könnten sich nicht geirrt haben?

NR. 12. Kaum ... ich halte es für ausgeschlossen.

NR. 8. Können Sie einen Eid darauf leisten?

NR. 12 *(leicht irritiert)*. Warum gleich einen Eid? Kein Mensch weiß etwas genau – hat schon irgend so ein alter Grieche gesagt, und darauf hat er Gift genommen.

NR. 8. Aha, wir verstehen uns schon besser.

NR. 3. Wollen Sie hier philosophieren, oder was hat das mit unserm Fall zu tun? – Hat man das Messer in der Brust des Vaters gefunden oder nicht?

NR. 2 *(beunruhigt)*. Bitte, eins nach dem andern! Verschiedene Herren haben sich noch nicht geäußert. Sollten wir nicht erst –

NR. 3 *(fährt ihm über den Mund)*. Sie waren ja schon dran! Jetzt schweigen Sie mal ein bisschen!

(Nr. 2 senkt den Blick, als ob er einen Uppercut erhalten hätte.)

NR. 3 *(zu Nr. 8)*. Also was ist mit dem Messer? Sie wissen, dass der gute Junge gestanden hat, er habe es in der Mordnacht gekauft. Darüber wollen wir uns mal unterhalten.

NR. 8. Gern. Aber zuerst können wir uns das Messer vielleicht bringen lassen. Ich würde es mir gern nochmal ansehen. *(Zum Obmann.)* Wäre das möglich?

OBMANN *(sieht ihn begriffsstutzig an)*. Ja – ist das notwendig?

NR. 8. Ich glaube schon.

(Der Obmann steht auf und geht zur Tür. Während des folgenden Dialogs klopft er an die Tür und flüstert mit dem hereinschauenden Gerichtsdiener. Dieser nickt und verschwindet.)

NR. 3. Wozu? Wir wissen alle, wie es aussieht. Nichts als Verschleppungstaktik! *(Zu Nr. 4.)* Habe ich recht?

NR. 4. Der Herr kann verlangen, dass man ihm das Corpus delicti nochmals vorlegt.

NR. 7 *(zuckt die Achseln)*. Corpus delicti! Ich bin nicht so gebildet.

NR. 4 *(zu Nr. 8)*. Das Messer und die Umstände, unter denen es gekauft wurde, scheinen mir doch ein sehr starkes Indiz zu sein.

NR. 8. Möglich.

NR. 4. Wollen wir uns doch den »Fehler im Grundriss« mal etwas näher ansehen. Erstens: Der Junge gibt zu, in der Mordnacht um acht Uhr abends das Haus verlassen zu haben, nachdem er wiederholt von seinem Vater geschlagen wurde.

NR. 6 *(plötzlich)*. Er sagte aber gar nicht »geschlagen«. Warten Sie mal – wie drückte er sich noch aus? »Weggestoßen« – ja, er sagte, »weggestoßen«. Das ist nicht dasselbe.

NR. 4 *(sarkastisch)*. Gut, ich korrigiere mich. Also: sein Vater hat ihn »handgreiflich berührt«. Ist das korrekt? Zweitens: Der Junge ist unmittelbar danach in einen Trödlerladen gegangen, nur ein paar Schritte von seinem Haus entfernt. Dort hat er ein – wie nennt man diese Dinger …? Springmesser …?

NR. 3. Klappmesser! *(Macht dabei eine Handbewegung, als ob er ein Messer aufschnappen ließe.)*

NR. 4. Danke. Also ein Klappmesser. Er hat ein Klappmesser beim Trödler gekauft. Auch klar. Drittens: es handelt sich hier um kein übliches Messer. Es hatte einen merkwürdig geschnitzten Griff, soviel ich gesehen habe. Viertens: Der Ladeninhaber – Jude und Ausländer natürlich –

NR. 11. Natürlich? Wieso ist das natürlich?

NR. 4 *(sieht ihn irritiert an)*. Wie? Ach so – ja also der Ladeninhaber hat nach seiner zwangsweisen Vorführung das Messer wiedererkannt und ausgesagt, es sei das einzige gewesen, das er von dieser Sorte auf Lager hatte. Bis hierher stimmt doch alles? Fünftens: Um – genauer gegen 8 Uhr 45 trifft der Junge dort ein paar Freunde vor seiner Stammkneipe. *(Zu Nr. 8.)* Habe ich einen Fehler gemacht?

NR. 8. Nein, Sie waren sehr genau.

NR. 3. Kein Zweifel, dass er der Täter ist!

NR. 4. Der Junge bleibt mit seinen Kumpanen ungefähr eine Stunde zusammen, verlässt sie demnach gegen 9 Uhr 45. Er hat ihnen das Klappmesser gezeigt. So haben sie jedenfalls ausgesagt. – Sechstens: Jeder von ihnen hat es vor Gericht wiedererkannt. Es war die Mordwaffe. Siebentens: Der Junge kehrte um 10 Uhr heim. Das ist der Punkt, an dem seine Lesart von der des Gerichts sich wesentlich unterscheidet. Er behauptet, er sei bis 11 Uhr 30 zu Hause geblieben und dann in ein Kino gegangen, das die ganze Nacht durch spielt. Erst am Morgen um 3 Uhr 15 will er wieder heimgekommen sein. Er fand seinen Vater tot vor, und die Polizei nahm ihn mit.
(Währenddessen haben sich alle Geschworenen um Nr. 4 gedrängt und hören ihm gespannt zu.)
Und jetzt – wie war das mit dem Klappmesser? Er behauptet, dass es ihm durch ein Loch in seiner Rocktasche gefallen sei – zu einem unbestimmten Zeitpunkt, so etwa zwischen 11 Uhr 30 und 3 Uhr 15 … auf dem Weg ins Kino oder vom Kino – *(achselzuckend)* in jedem Fall unwiederbringlich verloren. Aber leider schlecht erfunden. Oder glauben Sie an Märchen, meine Herren? – Ich glaube, dass der Junge überhaupt nicht im Kino war. Kein Hausbewohner hat ihn um 11 Uhr 30 fortgehen sehen. Kein Mensch im Kino hat sich an ihn erinnern können, weder das Personal noch die Besucher, soweit sie sich gemeldet haben. Und er selbst hatte die Titel der Filme vergessen, die er unmittelbar vorher gesehen hatte. *(Er*

genießt eine Weile die stumme Zustimmung der anderen. Dann fährt er rasch fort.) Ich will Ihnen sagen, wie sich die Sache abgespielt hat: Der Junge ist zu Hause geblieben, es gab wieder Krach mit dem Vater, zehn Minuten nach Mitternacht hat er ihn dann erstochen und ist geflohen. Es fiel ihm gerade noch ein, dass er seine Fingerabdrücke auf dem Messer beseitigen musste.

(Der Gerichtsdiener kommt mit dem Klappmesser zurück, an dessen auffällig geschnitztem Griff ein Papptäfelchen mit den gerichtlichen Aktenzeichen hängt. Er überreicht es dem Obmann.)

NR. 4. So sehe ich den Fall, aber – *(Unterbricht sich, nimmt dem Obmann das Messer aus der Hand und hält es Nr. 8 hin).* Beweisstück Nr. 1. Von allen einschlägigen Zeugen als Eigentum des Jungen wiedererkannt! Aber es fiel ja durch ein Loch in seiner Rocktasche … der große Unbekannte liest es von der Straße auf, geht schnurstracks in die Wohnung des Vaters und ersticht ihn – und warum? Weil er sich einen Spaß machen wollte! *(Mit schneidendem Sarkasmus zu Nr. 8.)* Das ist Ihre Logik – und die soll ich Ihnen abkaufen?

NR. 8. Sie sollen gar nicht. Ich habe nur von der Möglichkeit gesprochen, dass der Junge das Messer verloren und ein anderer seinen Vater mit einem ähnlichen Messer erstochen hat.

NR. 4. Mit einem ähnlichen Messer? *(Lässt die Klinge durch einen Fingerdruck aufschnappen und stößt das Messer in die Tischplatte.)* Dann überzeugen Sie sich selbst! Haben Sie jemals so einen Griff gesehen? Ich jedenfalls nicht. Sogar der Trödler hat zu Protokoll gegeben, es sei ein einmaliges Exemplar gewesen. – Nein, mein Herr, eine solche Duplizität der Fälle scheint mir etwas an den Haaren herbeigezogen. Das können wir Ihnen zu meinem Bedauern nicht abnehmen.

NR. 8. Ich habe es auch niemals erwartet. Ich sage nur, dass es möglich ist.

NR. 3 *(aufbrausend)*. Es ist unmöglich!!!

(Nr. 8 steht einen Augenblick schweigend. Dann zieht er aus seiner Rocktasche ein Messer, zeigt es den anderen, lässt die Klinge aufschnappen und stößt das Messer unmittelbar vor ihren Augen in die Tischplatte. Beide Messer gleichen sich aufs Haar. – Die Geschworenen erstarren für Sekunden. Dann erfüllt ein Raunen das Zimmer. Fast im gleichen Atemzug sagen –)

NR. 7. Junge, das ist ein Volltreffer!

NR. 12. Wo kommt das her?

NR. 6. Nanu?

NR. 2. Unglaublich!

(Nr. 8 beobachtet sie. Wieder Stille.)

NR. 3 *(perplex)*. Was wollen Sie damit sagen?

NR. 10 *(überlaut)*. Teufel, was geht hier vor?! *(Zu Nr. 8.)* Was sind das für Tricks?

NR. 6 *(zieht das Messer vorsichtig aus der Tischplatte und betrachtet es)*. Donnerwetter! Genau das gleiche Messer!

NR. 4. Ruhe! Seien Sie doch mal ruhig!

(Während die erregten Stimmen abflauen, nimmt er Nr. 6 das Messer aus der Hand und wendet sich zu Nr. 8, der ein paar Schritte abseits wartet.)

Woher haben Sie das?

NR. 8. Ich bin gestern Abend nach der Verhandlung ein bisschen spazieren gegangen, um alles noch einmal zu überdenken. Dabei habe ich mich in dem Viertel umgesehen, wo der Junge lebt. Drei Häuserblocks von seiner Wohnung ist eine kleine Pfandleihe. Dort habe ich das Messer gefunden. Es kostet zwei Dollar.

NR. 4. Es ist gesetzlich verboten, solche Klappmesser zu kaufen oder zu verkaufen.

NR. 8. Das ist mir bekannt. Ich habe das Gesetz übertreten.

NR. 3 *(drängt sich neben Nr. 4)*. Gratuliere! Sie haben einen tollen Coup gelandet! Mit dem Trick können Sie auftreten. Aber bewiesen haben Sie damit gar nichts! Vielleicht gibt's zehn Messer von dieser Sorte! Na, und wenn!

NR. 8. Ja, vielleicht gibt's zehn davon.

NR. 3 *(ist einige Sekunden still. Er spürt, dass der Fall ein winziges Leck bekommen hat, und schäumt vor Wut)*. Was heißt das alles schon?! Das gleiche Messer – ungeheuer, was?! Die Entdeckung des Jahrhunderts oder was weiß ich!

NR. 11 *(ruhig)*. Es ändert leider nichts an der Tatsache, dass es immer noch ziemlich unglaubwürdig bliebe, dass ein anderer den Mord mit einem ähnlichen Messer begangen hätte.

NR. 7. Die Vorwetten stehen eine Million zu eins.

NR. 8. Es ist aber möglich.

NR. 4. Aber kaum wahrscheinlich.

NR. 7. Heißt das nun ja oder nein? Wir können nicht die ganze Nacht in dieser Quasselbude sitzen.

NR. 9 *(grübelnd)*. Es ist nur *eine* Nacht. In dieser Nacht kann ein Junge sterben.

(Nr. 7 sieht ihn verständnislos an. Nr. 8 wechselt einen Blick mit Nr. 9. Ein Kontakt zwischen ihnen bahnt sich an. Dann lange Stille.)

NR. 7 *(setzt sich).* Meinetwegen! Dann wollen wir uns hier häuslich einrichten. *(Er legt die Beine auf den Tisch und deutet zur Tür.)* Der Gefängniswärter soll uns ein Kartenspiel holen!

NR. 2 *(im Setzen zum Obmann).* Ich weiß nicht … ich finde … man sollte sich nicht noch lustig machen darüber …

OBMANN *(achselzuckend).* Machen Sie was dagegen!

(Schweigen. Nr. 3 geht zum Garderobenbrett und holt aus seinem Jackett ein Päckchen Zigaretten.)

NR. 10 *(schlägt plötzlich mit der Faust auf den Tisch).* Jetzt hab ich genug! Ich verstehe überhaupt nicht, was dieser Quatsch mit dem Messer soll! Jemand hat *gesehen*, wie das Söhnchen seinen Vater erstochen hat. Was brauchen wir mehr? Mir brummt schon der Schädel von dem ganzen Zeug! Meine drei Tankstellen gehen in Konkurs, während ihr hier palavert!

NR. 11. Immerhin – das Messer war ein sehr entscheidender Punkt für den Staatsanwalt. Er hat einen vollen Tag darüber –

NR. 10 *(fällt ihm ins Wort).* Gehen Sie mir weg mit dem Staatsanwalt! Das war ein popeliger Referendar oder so was! Der hatte ja keine Ahnung!

(Er trompetet in sein Taschentuch. Nr. 11 rückt seinen Stuhl etwas ab.)

OBMANN. Diese Bagatellen halten uns nur auf. Ich schlage vor –

NR. 3 *(zeigt auf Nr. 8).* Er ist der Einzige, der uns aufhält!

NR. 8 *(setzt sich still und blickt nachdenklich über den Tisch hin, an dem auch die anderen Geschworenen wieder Platz nehmen. Endlich scheint er einen Entschluss gefasst zu ha-*

ben). Ich möchte Ihnen allen einen Vorschlag machen. Stimmen wir nochmals ab … aber geheim und schriftlich. Ich selbst enthalte mich der Stimme. Wenn immer noch elf für »schuldig« sind, will ich mich nicht länger ausschließen. Wir können dann dem Gericht sofort den Schuldspruch überbringen. – Aber wenn *einer* »nicht schuldig« stimmt, dann müssen wir bleiben und den Fall zu Ende führen. – Das ist alles, Herr Obmann.

NR. 7. Gemacht! Das leuchtet mir ein.

OBMANN. Ein fairer Vorschlag. Sind alle dafür?
(Einige Geschworene stimmen nickend zu.)
Irgendein Einwand? *(Schweigen.)* Der Vorschlag ist angenommen. Bitte, weitergeben.
(Er beginnt die Abstimmungszettel auszuteilen. Nr. 8 steht auf, geht zum Fenster und verharrt mit dem Rücken zum Tisch. Die Geschworenen reichen die Zettel weiter.)

NR. 7 *(steht auf).* Mamma mia, ist das eine Affenhitze! *(Stellt den Ventilator wieder an.)*
(Der Ventilator surrt, während alle zu schreiben beginnen. Langsam schließt sich der –)

Vorhang

Zweiter Akt

Die Situation ist unverändert.
Nr. 8 wendet sich allmählich vom Fenster ab und sieht unbeweglich zu, wie einer nach dem anderen seinen Stimmzettel zusammenfaltet und in den Strohhut des Obmanns fallen lässt. Der Obmann schüttelt die Zettel durcheinander, greift hinein und beginnt unter atemloser Anteilnahme und dem Surren des Ventilators jeden einzelnen Zettel laut vorzulesen. Nr. 2 lutscht unruhig an einem Hustenbonbon.

OBMANN. Schuldig … schuldig … schuldig … schuldig … schuldig … schuldig … schuldig … schuldig … schuldig …
(Währenddessen erhebt sich Nr. 10 und stellt den Ventilator ab. In die lautlose Stille sagt der –)
OBMANN. Nicht schuldig.
(Nr. 10 bleibt auf halbem Weg wie angewurzelt stehen.)
OBMANN *(greift nach dem letzten Zettel)*. Schuldig.
NR. 10. Junge! Jetzt schlägt's dreizehn!
NR. 7 *(a tempo)*. Und einer ist umgekippt!
NR. 10 *(auf den Tisch zu)*. Verflucht, wer war das? Na, will er sich nicht dazu bekennen?
NR. 11. Entschuldigen Sie, wir hatten uns auf eine geheime Abstimmung geeinigt. Wenn der Betreffende ungenannt bleiben will –
NR. 3 *(springt auf)*. Ungenannt?! Was meinen Sie mit ungenannt? In einem Geschworenenzimmer gibt's keine Geheimnisse. Der Feigling soll sich stellen!
(Nr. 2 verschluckt sich an seinem Bonbon und bekommt einen Hustenanfall. Alle starren ihn an.)

NR. 2 *(würgend)*. Bonbon ... verschluckt ...

(Der Obmann klopft ihm auf den Rücken, bis er sich beruhigt hat. Währenddessen geht Nr. 3 hinter den Stuhl von Nr. 5.)

NR. 3 *(überlaut)*. Kamerad, Sie sind ein Held!

(Nr. 5 dreht sich betroffen nach ihm um.)

Erst stimmen Sie mit uns allen »schuldig«, aber dann fängt der säuselnde Missionar da drüben an, Ihr Herz zu erweichen. Wahrhaftig, eine rührende Geschichte! Ein armes verfolgtes Lämmchen wird zum reißenden Wolf, weil es sich nicht anders zu helfen weiß. Und Sie schluchzen natürlich mit! Aeeeh, wenn das nicht zum Kotzen ist ...! *(Hält ihm die hohle Hand vor die Nase.)* Werfen Sie lieber einen Vierteldollar in die Sammelbüchse! Dann kommen Sie in den Himmel!

NR. 5 *(hat ihm gelassen zugehört. Allmählich verfärbt sich sein Gesicht. Er steht langsam auf. Blick in Blick mit Nr. 3)*. Sagen Sie das noch einmal.

(Nr. 3 kehrt ihm den Rücken und geht langsam zu seinem Stuhl zurück. Nr. 5 folgt ihm.)

NR. 5. Wer sind Sie eigentlich, dass Sie es wagen – *(Packt ihn bei den Schultern.)* Wer Sie sind ...?!

(Nr. 3 schüttelt ihn kurz ab und wendet sich nach ihm um.)

NR. 4 *(trennt die beiden und fasst Nr. 5 beim Arm)*. Keine Beleidigungen!

NR. 5 *(eigensinnig)*. Ich will nur wissen, wer er ist!

NR. 4 *(drückt ihn mit sanfter Gewalt auf seinen Stuhl nieder)*. Er ist etwas reizbar. Temperamentssache.

NR. 5. Er hat mich angegriffen. Haben Sie das nicht gesehen?

NR. 4. Vergessen Sie es.

NR. 3 *(fällt schnell ein).* Reizbar? Und ob ich reizbar bin! – *(Mühsam beherrscht.)* Wir geben uns alle Mühe, einen Schuldigen auf den elektrischen Stuhl zu bringen, wo er hingehört – und plötzlich erzählt uns einer Märchen … und wir hören geduldig zu! Da soll man nicht in die Luft gehen!?

(Nr. 2 duckt sich scheu weg.)

OBMANN. Schreien hilft uns auch nicht weiter.

NR. 11 *(steht auf).* Ich bitte ums Wort. –

(Obmann nickt.)

Ich habe immer geglaubt, dass ein Bürger in diesem Land das Recht hat, auch unpopuläre Meinungen zu äußern. Aus diesem Grunde bin ich hierher gekommen, und es schmerzt mich, zugeben zu müssen, dass in meiner eigenen Heimat –

NR. 10 *(schneidet ihm das Wort ab).* Ihre Heimat interessiert uns nicht!

NR. 11 *(gelassen).* – dass in meiner eigenen Heimat eine freie Meinung nicht mehr gestattet ist.

NR. 7. Jäääh, machen wir Schabbes! *(Auf einen eindringlichen Blick von Nr. 11.)* Ich meine, kommen wir zur Sache! *(Zu Nr. 5.)* Darf ich fragen, warum Sie umgekippt sind?

*(*NR. 5 *steht auf und geht zum Water Cooler.)*

NR. 9 *(leise).* Nicht *er* ist umgekippt. Ich war es.

(Er tauscht einen Blick mit Nr. 8, der ihm, gar nicht überrascht, zunickt.)

Vielleicht möchten Sie meine Gründe erfahren.

NR. 7. Danke. Ohne Interesse!

NR. 9. Aber *ich* habe ein Interesse, es klarzustellen. *(Zu allen.)* Wenn Sie nichts dagegen haben?

NR. 10. Wenn es unbedingt sein muss!

NR. 6 *(scharf zu Nr. 10).* Der Herr soll ruhig sprechen.

(Nr. 10 kehrt Nr. 9 ostentativ den Rücken.)

NR. 9 *(zum Obmann).* Sie gestatten?

(Obmann nickt gönnerhaft.)

Danke. *(Deutet auf Nr. 8.)* Dieser Herr stand allein gegen uns alle. Er behauptet keineswegs, dass der Junge nicht schuldig ist. Er ist eben bloß nicht sicher. Ich finde, es gehört schon viel Mut dazu, einfach gegen den Strom zu schwimmen und sich der Lächerlichkeit auszusetzen, auch wenn man noch so überzeugt ist. Aber er hat das Urteil ja uns überlassen.

(Nr. 7 hebt die Augen zur Decke, schüttelt abfällig den Kopf, steht auf und steuert auf den Waschraum zu.)

NR. 9 *(erhebt sich ebenfalls und ruft ihm erregt nach).* Ja, mein Herr, auch wenn es Ihnen nicht passt! Er hat ein gewagtes Spiel gespielt, und das imponiert mir. Ich achte seine Beweggründe. Der Angeklagte ist wahrscheinlich schuldig. Aber ich möchte gern mehr darüber hören. Im Augenblick stehen wir 10 : 2.

(Nr. 7 knallt die Tür zum Waschraum zu. Nr. 9 geht ihm einen Schritt nach und ruft ihm entrüstet hinterher.)

Das ist kein Argument!

NR. 8 *(greift nach seinem Arm).* Lassen Sie ihn. Er kann Sie nicht verstehen, weil er Sie gar nicht verstehen will.

(Im Waschraum knipst Nr. 7 das Licht an und verschwindet in der Seitenkulisse.)

NR. 10 *(zu Nr. 9).* Ist das alles, was Sie vorzubringen haben?

(Nr. 9 setzt sich, ohne ihn eines Blickes zu würdigen. Schweigen.)

NR. 12. Wenn ich mich nicht täusche, treten wir auf der Stelle. *(Mit Bezug auf Nr. 9.)* Der alte Herr hat uns eine unangenehme Überraschung bereitet. Ich habe keine Idee, wie man den Karren aus dem Dreck ziehen soll. Das passiert mir in meiner Branche selten. *(Grinst.)* Sie wissen ja, dass ich Reklamefachmann bin.

(Nr. 11 nickt.)

Da gibt's immer ein paar komische Käuze, also – nicht gerade komisch, sie drücken sich nur etwas kompliziert aus. Sie können sich wohl denken, was ich meine?

(Nr. 11 nickt wieder.)

Sie machen wahrscheinlich in Ihrem Beruf die gleichen Erfahrungen? Was sind Sie, wenn ich fragen darf?

NR. 11. Chemiker.

NR. 12. Meine Hochachtung. Ja, die Wissenschaftler – das ist immer noch das Beste, was wir aus Europa importieren.

(Nr. 11 neigt leicht den Kopf.)

Tja, was ich sagen wollte – also, wenn wir auf unsern Sitzungen in der Agentur festgefahren sind, findet sich doch immer so ein Spinner, der 'ne Idee hat. Verrückt, sag ich Ihnen, wie so 'ne Idee manchmal aus dem Ei schlüpft. Hübsch in Phrasen verpackt. Hauptsache, die Kunden kriechen auf den Leim. Kommt so ein Abteilungsleiter und macht sich wichtig: »Da haben Sie 'ne Idee. Nu lassen Sie sie mal an der Fassade aufleuchten und kontrollieren Sie, ob jemand anbeißt!« Verrückt, aber zum Lachen!

(Er ist der Einzige, der lacht. Nr. 3 geht zu Nr. 5, der sich am Wasserbehälter einen Pappbecher füllt.)

NR. 3. Na, Herr Kollege, ich war ein bisschen erregt. Sie müssen das nicht gleich krummnehmen. Ich … ich wollte Ihnen beileibe nicht zu nahe treten. Sie haben es hoffentlich nicht persönlich genommen?

(Nr. 5 trinkt und wirft dann den Pappbecher in den Papierkorb.)

Ich bin nur froh, dass Sie sich nicht auch von dieser Humanitätsduselei haben anstecken lassen. Die Sorte kennt man!

NR. 10 *(tritt dazu, zieht den Schleim in der Nase hoch und klopft Nr. 5 auf den Rücken).* Tue recht und scheue niemand! Das ist mein Wahlspruch. Gott sei Dank, dass ich nicht allein stehe.

(Er blickt sich nach Nr. 8 um, der, am Fenster stehend, die drei beobachtet. Dann dreht Nr. 8 sich um und geht in den erleuchteten Waschraum, wo Nr. 7 inzwischen wieder aufgetaucht ist und sich über einem Wasserbecken Gesicht und Hände kühlt. Nr. 8 tritt an das daneben gelegene Waschbecken und dreht den Hahn auf. Beide stehen mit dem Rücken zum Publikum. Man sieht ihre Gesichter nur im Spiegel.)

NR. 7 *(schielt zu Nr. 8 hin).* Sagen Sie mal, sind Sie Vertreter?

NR. 8 *(benetzt sein Gesicht).* Vertreter? Wieso?

NR. 7. Weil Sie so hübsch reden können.

NR. 8. Ich bin Architekt.

NR. 7 *(dreht sich um und trocknet Gesicht und Hände mit einem Papierhandtuch).* Sie wissen, was eine sanfte Tour ist?

NR. 8 *(greift ebenfalls nach einem Papierhandtuch und trocknet sich).* Bedaure, nein.

NR. 7. Na, mit der verkaufen Sie aber recht gut. Ich habe eine andere Technik. Erst ein paar Schnäpse, und dann die neuesten Witze, und dann überfahre ich sie.

NR. 8. Von wem sprechen Sie?

NR. 7. Von den Kunden natürlich. Im vergangenen Jahr hab

ich 27 000 gemacht – mit Marmelade. Kann sich sehen lassen, was? *(Knüllt das Papierhandtuch zusammen und lässt es fallen.)* Warum machen Sie so viel Umstände? Bringt Ihnen das was ein? *(Kickt den Papierknäuel mit der Fußspitze weg.)* Höchstens doch Ärger! Lohnt sich das? Ich glaube, Ihnen hat mal einer aufn Kopp gehauen, und darüber sind Sie nie weggekommen. Erraten?

NR. 8 *(amüsiert)*. Vielleicht.

NR. 7. Vielleicht, vielleicht! Sie machen es sich zu einfach. Ihr Wohltäter der Menschheit seid alle gleich! Ihr fangt gleich an zu flennen, wenn sich eine Katze den Schwanz eingeklemmt hat! Aber Mumm habt ihr nicht für einen Cent, wenn's wirklich drauf ankommt. Ihr könnt euch nur die Krokodilstränen abwischen und dem armen Opfer beteuern, wie leid es euch tut! – Hand aufs Herz, wofür verschwenden Sie unsre Zeit? Spenden Sie einfach fünf Piepen für einen guten Zweck, und gleich ist Ihnen wohler!

(Nr. 8 kehrt ihm den Rücken und lässt Wasser über seine Pulsadern rinnen. Nr. 7 beobachtet ihn eine Weile.)

Der Junge ist schuldig, Kamerad. Da hilft ihm kein Gott. So schuldig, wie Sie 'ne Nase im Gesicht haben. Lassen Sie uns nach Hause gehen, bevor wir uns heiser geschrien haben! Seien Sie einmal menschlich, Sie Wohltäter.

NR. 8 *(dreht den Wasserhahn ab und wendet sich Nr. 7 zu, der ihm ein Papierhandtuch reicht. Während er sich die Hände trocknet.)* Ob Sie sich *hier* heiser schreien oder auf dem Baseballplatz – was ist der Unterschied?

NR. 7 *(grinst)*. Sie Schlaumeier! Ich hab eben mehr Vergnügen dabei. Das ist der Unterschied.

(Er geht hinaus und lässt die Tür hinter sich zufallen. Nr. 8 ballt das Papierhandtuch zusammen und schüttelt den Kopf. Gleich darauf öffnet sich die Tür. Im Geschworenenzimmer wird schallend gelacht. Nr. 6 schließt die Tür, geht zum Waschbecken und kühlt seine Pulsadern.)

NR. 6 *(verbittert)*. Nette Burschen sind das!

NR. 8. Auch nicht schlimmer als alle andern.

NR. 6 *(betupft seine Stirn mit Wasser)*. Mich macht dieser Tag noch fertig. Was meinen Sie, wie lange das noch dauern kann?

NR. 8. Ich weiß nicht.

NR. 6. Sie wissen nicht! Aber er ist schuldig. Bestimmt. Kein Mensch auf der Welt kann daran zweifeln. Erlösen Sie uns endlich.

(Nr. 8 schweigt.)

Mir persönlich ist es wurscht! Ich schwöre es Ihnen. Für mich sind's lediglich ein paar Arbeitsstunden weniger. Und das ist auch nicht zu verachten! *(Lacht.)*

NR. 8 *(lächelt)*. Na, also.

NR. 6 *(hört plötzlich zu lachen auf)*. Ja – glauben Sie im Ernst, dass er nicht schuldig ist?

NR. 8. Ich weiß nicht. Es ist möglich.

NR. 6 *(gutmütig)*. Ich kenne Sie nicht, aber ich möchte wetten, Sie haben sich noch nie so verrechnet. Schlucken Sie's runter, und Sie ersparen sich viel.

NR. 8. Angenommen, Sie wären der Angeklagte?

NR. 6 *(blickt ihn einen Moment ernst an. Dann trocknet er mit dem Taschentuch seine Hände)*. Mir kommt das alles sehr komisch vor. Ich bin Arbeiter. Mein Boss hält nichts von »angenommen« und so. Aber ich bin kein Spielverderber. Also angenommen: Sie reden uns alle noch weich, und am Ende hat der Bursche seinen Vater tatsächlich erstochen. Was dann …?

NR. 8. Das wäre schrecklich …

NR. 6. Nicht zu schrecklich, um wahr zu sein.

NR. 8 *(sieht ihn gequält an).* Vielleicht werden wir die Wahrheit niemals ergründen. Das ist schwer genug. Aber wir dürfen es uns doch nicht dadurch leichter machen, dass wir uns mit einer halben Wahrheit abfinden.

NR. 6. Nehmen Sie's nicht krumm, aber das ist mir einfach zu hoch.

(Er geht achselzuckend hinaus. Nr. 8 verharrt einige Sekunden nachdenklich. Dann löscht er das Licht im Waschraum und kehrt zu den anderen zurück.)

OBMANN *(empfängt ihn ungeduldig).* Endlich! Wo haben Sie gesteckt? Wir können die Verhandlung fortsetzen. Bitte Platz nehmen! Wünscht jemand das Wort?

NR. 3 *(auf dem Weg zu seinem Stuhl, provokatorisch).* Ich möchte nur eine Frage an die Herren Neinsager richten. *(Zu Nr. 8 und Nr. 9.)* Ja, an Sie, meine Herren. – Der alte Mann, der in der unteren Etage wohnt, hat doch den Burschen schreien hören: »Ich bring dich um!«? Kaum eine Sekunde später hörte er einen dumpfen Aufprall, als ob ein Körper zu Boden fällt. Dann sah er den Burschen die Treppe runterrennen. – Wie erklären Sie sich das?

(Nr. 8 steht noch hinter seinem Stuhl, wechselt einen Blick mit Nr. 9, der ihm seine Hilflosigkeit bezeigt und wortlos Platz nimmt.)

NR. 8. Der alte Mann muss ein phänomenales Gehör gehabt haben. Dass er sogar durch die Decke gehört hat –

NR. 3 *(umklammert seine Stuhllehne).* Nicht durch die Decke! Sein Fenster stand offen und ebenso das Fenster darüber. Es war drückend heiß in dieser Nacht, wenn Sie sich erinnern.

NR. 8 *(setzt sich)*. Es ist nicht so leicht, eine Stimme genau zu unterscheiden, noch dazu aus einer andern Wohnung – und ganz besonders, wenn sie schreit.

OBMANN. Der Alte hat sie vor Gericht wiedererkannt.

NR. 12. Jawohl. Und vergessen Sie nicht die Frau auf der anderen Straßenseite. Sie konnte direkt in das Fenster der Wohnung sehen, genau in dem Moment, als der Junge seinen Vater erstach. Falls Ihnen das nicht genügt –

NR. 8. Es genügt mir nicht.

NR. 4 *(der sich die Nägel gereinigt hat, legt die Nagelfeile unwillig beiseite)*. Einen Augenblick – die Frau hat durch die Fenster einer vorbeifahrenden Hochbahn den Mord gesehen. Der Zug hatte sechs Wagen, und sie sah ihn durch die Fenster der beiden letzten Wagen. Sogar an belanglose Einzelheiten hat sie sich noch erinnert. Darüber kann man gar nicht mehr debattieren.

(Schweigen. Währenddessen kritzelt Nr. 12 angelegentlich auf seinem Papier.)

NR. 3 *(geht um den Tisch zu Nr. 8)*. Bitte, ich möchte gern Ihre Ansicht hören.

NR. 8. Es klingt mir unwahrscheinlich.

NR. 7. Du kriegst die Motten! Als ob man gegen eine Wand spricht!

NR. 3 *(geht weiter zu Nr. 12 und blickt ihm über die Schulter)*. Was kritzeln Sie denn da?

NR. 12 *(streckt ihm das Blatt hin)*. Die Hochbahnlinie. Ich will mir die Situation vergegenwärtigen.

NR. 3. Darf ich mal Ihren Bleistift haben?

(Nr. 12 gibt ihm den Bleistift. Nr. 3 beugt sich neben ihn über den Tisch und zeichnet etwas auf das Blatt.)

NR. 3. Sie haben erst drei Wagen gemalt. Da ist der vierte. *(Schiebt Nr. 11 das Blatt hin.)* Jetzt machen Sie den fünften. So wird uns die Zeit nicht zu lang.

(Nr. 11 reagiert nicht. Nr. 10 bemächtigt sich des Blattes und beginnt zu zeichnen.)

NR. 10. Der fünfte Wagen.

(Währenddessen ist Nr. 8, zum ersten Mal erregt, aufgestanden. Er reißt das Blatt, das Nr. 10 gerade an Nr. 9 weiterreichen will, an sich.)

NR. 8 *(mit ungewöhnlicher Schärfe)*. Das ist kein Spiel!

NR. 3 *(geht auf Nr. 8 zu)*. Was ist es denn? *(Er will ihm das Blatt wieder entreißen, wird aber von Nr. 11 festgehalten.)*

OBMANN *(aufspringend)*. Also, Sie benehmen sich kindisch!

NR. 12 *(vermittelnd zu Nr. 3)*. Ist doch alles halb so schlimm!

OBMANN. Schlimm genug! Die Herren vergessen, wo sie sich befinden.

NR. 3 *(reißt sich los)*. Ach, lassen Sie sich begraben! Ich hätte gute Lust, ihm eins –

(Macht eine drohende Geste gegen Nr. 8, der ihn unbeweglich abschätzt.)

OBMANN *(eilt dazwischen)*. Jetzt langt's mir aber! Schlägereien haben gerade noch gefehlt.

(Greift nach dem erhobenen Arm von Nr. 3 und drückt ihn herunter.)

Ich bitte die Herren ernstlich, sich zu mäßigen.

NR. 3 *(stößt ihn zurück)*. Ich werde mich wohl noch verteidigen dürfen. *(Will erneut Nr. 8 attackieren.)* So eine Frechheit! So eine bodenlose Frechheit!

(Mehrere Geschworene springen auf.)

NR. 12 *(schiebt Nr. 3 zurück).* Alles für die Katz! Seien wir friedlich!

NR. 3 *(geht grollend zu seinem Stuhl zurück und zerrt dabei an seiner Krawatte).* Kein Spiel! Ich möchte wissen, wer sich hier kindisch benimmt?! Ich lasse mich nicht beleidigen.

OBMANN. Kein Mensch beleidigt Sie. Wir sprechen uns bloß aus. Bitte, Platz zu nehmen.

(Langsam setzen sich alle wieder, mit Ausnahme von Nr. 8, der abwesend auf das Blatt in seiner Hand blickt, sich plötzlich über den Tisch beugt und die Zeichnung vervollständigt, während der Tumult verebbt. Dann geht er zum Stuhl von Nr. 3 hinüber und bleibt hinter ihm stehen.)

NR. 8. Ihre Zeichnung ist recht instruktiv.

NR. 3 *(fährt herum).* Fangen Sie schon wieder an?!

(Nr. 4 legt ihm begütigend die Hand auf den Arm.)

NR. 8. Nein, nein, tatsächlich. *(Zu allen.)* Wie lange braucht es wohl, bis ein Hochbahnzug – sagen wir: mit mittlerer Geschwindigkeit einen bestimmten Punkt passiert hat? *(Er schiebt das Blatt Papier zwischen Nr. 3 und Nr. 4 auf den Tisch.)* Sehen Sie sich mal Ihre Skizze an.

NR. 4. Was ist daran zu sehen?

NR. 8. Vielleicht regt es Ihre Phantasie an. Ich habe noch den sechsten Wagen dazugefügt. – Also wie lange?

NR. 4. Woher soll ich das wissen?

NR. 8 *(zu Nr. 5).* Was schätzen Sie?

NR. 5. Ich weiß nicht … vielleicht … ungefähr zehn bis zwölf Sekunden.

NR. 8. Ja, das dürfte ziemlich genau stimmen. *(Zu den anderen.)* Oder nicht?

NR. 11. Doch, ich denke auch.

NR. 10. Der reinste Kindergarten! Wer weiß einen Abzählvers?

NR. 8 *(ignoriert ihn, zu Nr. 2)*. Was würden Sie sagen?

NR. 2. Ja, zehn Sekunden, das kann hinkommen.

NR. 4 *(ungeduldig)*. Zehn Sekunden, basta! Hilft Ihnen das?

NR. 8. Vielleicht. – Ein Hochbahnzug mit sechs Wagen passiert einen bestimmten Punkt in zehn Sekunden. Nehmen wir an, der bestimmte Punkt ist das offene Fenster des Mordzimmers. Wenn Sie den Arm aus dem Fenster strecken, können Sie beinahe die Geleise berühren. War es nicht so?

NR. 2. Ja, ungefähr.

NR. 8. Danke. *(Zu allen.)* Nun frage ich Sie: Hat jemand von Ihnen schon direkt neben einer Hochbahnstrecke gewohnt?

NR. 6. Ich. Das heißt – nicht gerade gewohnt. Ich habe eine Wohnung gestrichen, die über einer Hochbahnlinie lag. Ich bin Anstreicher. Drei Tage hat das gedauert.

NR. 8. Und wie war das?

NR. 6. Wie soll es gewesen sein?

NR. 8. Viel Lärm?

NR. 6. Lärm? Was macht das schon! In meinem Beruf ist man sowieso nicht verwöhnt.
(Er lacht. Andere stimmen ein.)

NR. 8. Ich habe einmal ein Haus gebaut, unmittelbar an einer Hochbahnstrecke. Bei offenen Fenstern war der Lärm geradezu unerträglich, sobald ein Zug vorbeifuhr. Ich könnte nie so wohnen. Dabei kann man keinen Gedanken fassen.

NR. 3. Keinen Gedanken fassen! Und das will er jetzt bei uns erreichen! – *(Zu Nr. 8.)* Wollen Sie nicht endlich zur Sache kommen?

NR. 8 *(zu den anderen).* Gestatten Sie mir, dass ich zwei Zeugenaussagen herausgreife und einander gegenüberstelle. Erstens: der alte Mann in der unteren Wohnung will gehört haben, wie der Junge ausrief: »Ich bring dich um!« Und kaum eine Sekunde später fiel ein Körper auf den Fußboden. Eine Sekunde später. So hat er vor Gericht erklärt.

NR. 2. Genau. Er hat sogar gesagt: nicht mal eine Sekunde.

NR. 8. Zweitens: die Frau auf der andern Straßenseite ist sicher, dass sie aus ihrem Fenster den Mord durch die beiden letzten Wagen des vorbeifahrenden Hochbahnzuges gesehen hat. Durch die beiden letzten Wagen. Sie ist sicher.

NR. 3. Nichts Neues!

NR. 8. Gewiss, aber wir hatten gerade festgestellt, dass ein Hochbahnzug etwa zehn bis zwölf Sekunden braucht, um einen bestimmten Punkt zu passieren. Da die Frau den Mord durch die beiden letzten Wagen gesehen hat, muss man doch annehmen, dass der Körper im gleichen Moment auf den Fußboden fiel, als der Zug vorbeifuhr, nicht wahr? Das heißt: bevor der Körper auf den Fußboden fiel, ist der Zug am Fenster des alten Mannes bereits volle zehn Sekunden vorbeigerattert. *(Zu Nr. 4.)* Ist das logisch? – Nach seiner eignen Aussage hat der alte Mann die Drohung des Jungen »Ich bring dich um!« nur eine Sekunde früher gehört. Das heißt: *während* der Zug dicht vor seiner Nase entlangdonnerte. Es ist unmöglich, dass er sie gehört haben kann.

(Verdutztes Schweigen.)

NR. 3 *(dreht sich erbost auf seinem Stuhl um).* Natürlich kann er sie gehört haben! Er sagte: der Junge hat geschrien. Das genügt mir.

NR. 8. Selbst wenn er jedes Wort verstanden hätte – bei dem Lärm des Zuges hätte er die Stimme immer noch nicht erkennen können.

NR. 3 *(springt jäh auf und geht auf Nr. 8 zu).* Lauter Spitzfindigkeiten! Hier handelt sich's um eine Sache von Sekunden! Kein Mensch kann da so genau sein.

NR. 8 *(erwidert ruhig seinen Blick).* Nun, ich finde, eine Zeugenaussage, die einen Menschen auf den elektrischen Stuhl bringen kann, müsste so genau sein.

(Nr. 3 kehrt Nr. 8 den Rücken.)

NR. 5 *(wendet sich auf seinem Stuhl nach Nr. 3 um).* Ich glaube auch nicht, dass er etwas gehört haben kann.

NR. 6. Bei dem Krach ist es unwahrscheinlich …

NR. 3. Wovon redet ihr eigentlich, Herrschaften?!

NR. 5. Das sagt mir der gesunde Menschenverstand …

NR. 3. Sie haben ja nicht alle Tassen im Schrank! Warum sollte der Alte lügen? Was hätte er für einen Vorteil davon?

NR. 9 *(verhalten).* Vielleicht wollte er Aufmerksamkeit erregen.

NR. 3. Mit Ihren abgeklärten Bemerkungen stören Sie nur die Verhandlung. Schicken Sie eine davon an die Zeitung! Die zahlen drei Dollars.

NR. 6 *(aufstehend).* Was nehmen Sie sich heraus?!

(Nr. 3 starrt ihn an, will sich geringschätzig wegwenden, wird aber von Nr. 6 am Arm herumgedreht.)

Wer so mit einem alten Herrn spricht, verdient eins aufs Dach. Verstanden?!

NR. 3. Loslassen!

(Nr. 5 steht auf und will Nr. 6 zu Hilfe kommen.)

NR. 6 *(weist ihn mit einem Blick zurück, dann zu Nr. 3)*. Sie haben keine Kinderstube, mein Herr …!

NR. 3. Die haben Sie wohl nötiger!

(Nr. 6 zieht Nr. 3 mit einem Ruck zu sich heran. Nr. 3 ist einen Moment wehrlos.)

NR. 6 *(unterdrückt)*. Wenn Sie noch einmal in solchem Ton zu dem Herrn reden, dann stoße ich Sie aus dem Anzug. Ich bin in einem Judo-Club. Vielleicht sagt Ihnen das was. *(Er stößt Nr. 3 zurück und wendet sich nach Nr. 9 um.)* Fahren Sie ruhig fort. Bei uns herrscht Redefreiheit. Weshalb soll der alte Mann gelogen haben? *(Setzt sich im Folgenden wieder.)*

NR. 9. Ich bedaure, dass ich der unfreiwillige Anlass zu einem Streit geworden bin. Es tut mir aufrichtig leid. – Ja, ich wollte nur sagen, dass ich den Zeugen lange beobachtet habe. Die Naht seines Jacketts war unterm Arm aufgerissen. Ist Ihnen das nicht aufgefallen? Ich denke, wenn man so aufs Gericht kommt –

(Nr. 10 gähnt geräuschvoll. Nr. 9 wartet ruhig ab, dann:)
Der alte Mann war schon sehr gebrechlich, seine Jacke war zerrissen, es hat ihm sichtlich Mühe gemacht, in den Zeugenstand zu gehen. Er schleifte dabei sein linkes Bein nach und versuchte es zu kaschieren, weil es ihm offenbar peinlich war. Ich glaube, meine Herren, ich kann ihn besser verstehen als Sie alle. – Darf ich Ihnen meinen persönlichen Eindruck sagen? Ein stiller, verängstigter, von seiner eigenen Unwichtigkeit durchdrungener alter Mann. Sein Leben lang war er ein Niemand, und nie hat sich einer um ihn gekümmert, sein

Name stand nie in der Zeitung. Keiner kennt ihn, keiner anerkennt ihn, wo hätte je ein Mensch seinen Rat gesucht? Und das nach 75 gelebten Jahren. Niemand zu sein, ist ein sehr trauriges Ding. So ein Mann hat es nötig, auch einmal gewürdigt zu werden, angehört ... die Gelegenheit kommt wohl nicht wieder, seinen Namen in der Zeitung zu lesen, wenn auch bloß anlässlich eines Mordprozesses. Vielleicht hat er dafür gelebt.

(Alle haben ihm schweigsam zugehört. Nur Nr. 8 lässt echte Anteilnahme spüren. Nr. 6 begreift nur halb. Nr. 3 siedet. Nr. 7 ist völlig indolent.)

Vielleicht war das *seine* Sekunde! Vielleicht hätte er es nicht überlebt, so einfach wieder ins Dunkel zurückzutreten, ohne seine Chance wahrgenommen zu haben ...

NR. 7 *(schnoddrig).* Vielleicht ist das *meine* Sekunde! Wenn ich ganz mitgekommen bin, dann wollen Sie uns also einreden, der Alte hätte bloß geflunkert, um sich mal dicke zu tun?!

NR. 9 *(lächelt nachsichtig).* Ich sage nicht – »geflunkert«. O nein, der alte Mann glaubte an seine Worte. Wenigstens solange er verhört wurde. In seinem Unterbewusstsein hat er die Drohung des Jungen gehört und sein Gesicht wiedererkannt, weil er es wiedererkennen wollte.

NR. 3 *(wechselt einen Blick mit Nr. 4).* Mit Ihrer Psychoanalyse bleiben Sie mir vom Leibe. Das Unterbewusstsein meiner Frau kostet mich jeden Monat – aber das führt zu weit!

NR. 10. Das führt wirklich zu weit. So ein Ammenmärchen hab ich seit meiner Geburt nicht gehört! *(Zu Nr. 9.)* Sie sind wohl Tiefseeforscher, oder woher nehmen Sie das alles?

NR. 9 *(leise)*. Ich bin nicht mehr jung.

(Nr. 5 senkt verlegen den Kopf. Langes Schweigen. Der Obmann räuspert sich ungeduldig.)

NR. 10 *(kopfschüttelnd)*. Menschenskind! – Sind plötzlich alle verstummt? *(Er lacht spöttisch auf.)*

NR. 2 *(zögernd, in die peinliche Stille)*. Wünscht jemand ein Hustenbonbon?

(Nr. 2 bietet die Tüte dem Obmann an, der sie verärgert zurückschiebt und wegblickt. Nr. 8 steht auf und geht, in einen Gedanken verbohrt, zum Stuhl von Nr. 2.)

NR. 8 *(greift in die Tüte)*. Darf ich?

NR. 2 *(verwirrt)*. Danke.

(Nr. 8 steckt den Bonbon in den Mund und geht weiter um den Tisch herum.)

NR. 12 *(wendet den Kopf nach ihm)*. Sie werden mir immer mehr ein Rätsel. Wie kann jemand so verbohrt sein zu glauben, der Junge ist unschuldig?

(Er blickt sich am Tisch um, erhält aber keine Bestätigung und beginnt wieder zu kritzeln. Nr. 10 präpariert sein Taschentuch, steht auf und folgt Nr. 8 zum Fenster.)

NR. 10 *(gut zuredend)*. Haben Sie doch Mitleid mit uns! Sie sehen doch, wir alle –

NR. 8 *(dreht sich nach ihm um)*. Einen Augenblick. Da ist noch etwas ungeklärt.

NR. 10 *(wendet sich ab und schneuzt sich resigniert)*. Er gibt einfach nicht nach.

NR. 8. Ich denke, wir haben bewiesen, dass der alte Mann nicht gehört haben kann, wie der Junge ausrief –

NR. 3. Schrie!

NR. 8. Also schrie: »Ich bring dich um!«

NR. 10 *(fährt herum). Wir* haben gar nichts bewiesen. Sie unterstellen uns das.

NR. 8. Ich will ja gerade unterstellen, er hätte es tatsächlich gehört.

NR. 10. Zu gnädig.

NR. 8. Aber wie oft hat jeder von uns diese Redensart schon verwendet? Wahrscheinlich unzählige Male – bei allen möglichen Gelegenheiten. – »Ich möchte dich am liebsten dafür umbringen, Liebling.« *(Zu Nr. 10.)* Haben Sie das noch nie zu einer Frau gesagt?

NR. 10. Ich bin unverheiratet.

NR. 8 *(zu Nr. 7)*. »Wenn das noch einmal vorkommt, Jungchen, bring ich dich um!«

NR. 7. Immer langsam!

NR. 8. Würde es Ihnen in den Sinn kommen, Ihren eigenen Sohn zu töten, nur weil er ein schlechtes Zeugnis nach Haus gebracht hat?

NR. 7. Ich bin kinderlos.

NR. 8 *(zu Nr. 12)*. Oder: »Los, Rocky, bring den Kerl um!« Sie würden doch Ihren Freund nicht zum Mörder machen wollen, nur weil der Herr vor Ihnen für die andere Mannschaft geschrien hat?

NR. 12. Ich bin sportlich uninteressiert.

NR. 3 *(springt auf)*. Sie hätten zum Film gehen sollen! Bei Ihrem Talent! Der Bursche hat geschrien: »Ich bring dich um!« Und was man aus voller Lunge schreit, das meint man auch so!

NR. 10. Und ob!

NR. 2 *(gehemmt)*. Nicht immer … es ist nicht ganz so. Nämlich – vor ein paar Wochen hatte ich in der Bank Krach mit einem Kollegen, der am Schalter neben mir arbeitet.

Der Gary ist sonst ein anständiger Kerl. Nennt er mich doch »Idiot!«. – Ja, ich meine, das kann doch nicht sein Ernst gewesen sein.

NR. 3. Du hast recht! – *(Zeigt auf Nr. 8.) Dieser* Gary nennt uns auch Idioten. Er drückt sich nur vornehmer aus. Das Söhnchen drohte: »Ich bring dich um!«, und er *hat* sein Väterchen umgebracht!

NR. 8. Eine Frage. Schreit man eine solche Drohung mit so viel Vehemenz heraus, dass es die ganze Nachbarschaft hören muss? Ich kann mir nicht helfen. Dafür war der Junge viel zu aufgeweckt.

NR. 10 *(explodierend)*. Der und aufgeweckt! Er ist ein ungebildeter Straßenköter! Er kann sich nicht mal einwandfrei ausdrücken. Eine Schule kennt er scheinbar nur von außen.

NR. 11 *(langsam und prononciert)*. Anscheinend.

NR. 10. Wie …?!

NR. 11 *(verbindlich)*. Eine Schule kennt er *anscheinend* nur von außen. Das wäre einwandfrei ausgedrückt. *(Zu den anderen.)* Entschuldigen Sie, aber so habe ich es gelernt.

NR. 10 *(starrt ihn entgeistert an)*. Ach, ihr europäischen Schulmeister!

(Einige verbeißen sich das Lachen. Nr. 5 hebt die Hand.)

OBMANN. Sie wünschen?

NR. 5 *(blickt sich nervös um)*. Ich möchte mein Votum ändern.

NR. 3. Was möchten Sie …?

NR. 5 *(schluckend)*. Nicht schuldig.

NR. 3. Bitte, noch einmal!

NR. 5 *(sieht ihn an, fester)*. Nicht schuldig.

OBMANN. Sind Sie sicher?

NR. 5 *(ganz klar)*. Ja. Ich bin sicher.

OBMANN. Dann stehen wir 9 : 3 für »schuldig«.

NR. 3. Na, ja. Dem habe ich von Anfang an nicht getraut. *(Geht wütend zum Fenster.)*

NR. 7. Peng, ein Schlag ins Kontor! Drei Punkte für Baltimore. *(Springt auf, zu Nr. 5.)* Protest! Der Lauf ist ungültig. Sie haben doch alle gesehen, wie er übergetreten ist, bevor der Ball geschlagen wurde. Das gilt nicht. Sie werden vom Platz gestellt. *(Zeigt auf Nr. 8.)* Und er auch! Er hat ihn zu unfairem Spiel verleitet. Sie werden disqualifiziert. Aber ich bin ein Menschenfreund, ich habe einen Job für Sie. Schreiben Sie künftig für den Wochenschmöker »Unheimliche Kriminalfälle«. Sie kennen das Blättchen? Sie werden ein Vermögen machen. *(Ohne Übergang.)* Der Bursche hat so laut geschrien, dass es seinem eigenen Anwalt die Sprache verschlagen hat. Der wusste sofort, dass er keine Chance mehr hatte. Aber dieser Herr weiß es noch besser. *(Zu Nr. 8.)* Jetzt Spaß beiseite: die verfolgte Unschuld hat einen Verteidiger, und der vertritt seinen Fall, nicht Sie! Warum wollen Sie ihm durchaus Konkurrenz machen?

NR. 5. Anwälte sind nicht unfehlbar.

NR. 8. Der Verteidiger war vom Gericht bestellt. Der Junge hat ihn sich nicht auswählen können.

NR. 7. Auch noch auswählen! Einem geschenkten Gaul sieht man nicht ins Maul! Was heißt auswählen?

NR. 8. Das heißt eine ganze Menge. Es kann zum Beispiel heißen, dass der Verteidiger den Fall gar nicht gewollt hat. Oder er fühlte sich in seiner Ehre gekränkt, weil er nur von Amts wegen bestellt worden war. Solche Fälle bringen zudem nichts ein. Weder Geld noch Namen, wenn die Chance zu gewinnen so gering ist. Da fehlt jeder Anreiz für einen jungen Anwalt, besonders wenn man auch noch ehrgeizig ist. *(Zu Nr. 7.)* Oder würden Sie Marmelade verkaufen, falls Sie nichts daran verdienen?

NR. 7 *(überrumpelt)*. Rausschauen muss schon was dabei.

NR. 8. Sehen Sie, und um vor Gericht einen guten Kampf zu liefern, muss man an seinen Klienten glauben. Diesen Glauben hatte er offenbar nicht. *(Zu Nr. 7.)* Das haben Sie ja eben selbst gesagt.

NR. 7. Kein Wunder! Wer hätte ihm schon glauben sollen – außer dem Manager von Baltimore. *(Er streift Nr. 8 mit einem gehässigen Blick, geht an ihm vorbei und sieht zur Uhr über der Eingangstür.)* Er versaut mir tatsächlich das Match.

NR. 11 *(hat sich eine Zigarette angezündet und ruft ihm nach)*. Das werden Sie wohl noch verschmerzen können!

NR. 7 *(verächtlich)*. Man sieht, dass Sie kein Fan sind. *(Geht zu Nr. 3 ans Fenster und tippt sich dabei an die Schläfe.)*

NR. 11 *(rückt sein Notizpapier zurecht)*. Nein, glücklicherweise nicht, aber ich habe mir ein paar Notizen gemacht. Wenn Sie mir erlauben – *(Sieht sich nach einem Aschenbecher um.)*

NR. 10 *(schliddert ihm einen Aschenbecher, der vor ihm steht, zu)*. Bitte!

NR. 11. Danke bestens. *(Während er die Zigarette abstreift.)* Ich bin Ihnen sehr aufmerksam gefolgt, und ich habe die Überzeugung gewonnen –

NR. 10. In unserer Sprache fasst man sich kürzer!

NR. 11. Danke. Also, es scheint mir, dass dieser Herr *(deutet auf Nr. 8)* ein paar sehr gute Punkte angesprochen hat –

NR. 10. Na, wenn das einwandfrei ausgedrückt ist!

NR. 11. Entschuldigen Sie, ich lasse mich später sehr gern von Ihnen darüber belehren. – Nach den Zeugenaussagen, die vor Gericht produziert worden sind – *(Zu Nr. 10.)* Habe ich mich richtig ausgedrückt?

NR. 10. Ach! Produzieren Sie weiter!

NR. 11. Nach den Zeugenaussagen sieht der Junge scheinbar schuldig aus.

NR. 10 *(verbessert)*. Anscheinend!

NR. 11 *(lächelnd)*. Hier geht auch »scheinbar«. – Aber vielleicht könnten wir tiefer gehen.

NR. 10 *(seine gebrochene Aussprache nachäffend)*. Auf den Grund!

NR. 11. Ja, auf den Grund gehen. Danke. Dann drängt sich mir eine Frage auf. Wir setzen voraus, dass der Junge den Mord begangen hat. Er hat seinen Vater erstochen und ist geflüchtet. Es war zehn Minuten nach Mitternacht. Wie hat ihn die Polizei aufgegriffen? Er ist ungefähr um drei Uhr morgens nach Haus gekommen, und zwei Kriminalbeamte haben ihn im Flur seiner Wohnung erwartet. Meine Frage ist: *wenn* er seinen Vater getötet hat, warum ist er drei Stunden später zurückgekommen? Hätte er sich nicht sagen müssen, dass die Schergen schon auf ihn warten? *(Er spricht immer aus eignem Erlebnis heraus.)*

NR. 10. Sie scheinen sich ja auszukennen.

NR. 11 *(misst ihn kurz, dann sehr leise)*. Ja, ich kenne mich aus.

NR. 12 *(als ob er zu einem Kind spricht)*. Na, schön, das haben Sie ja nun hinter sich.

NR. 11. Sind Sie sicher?

NR. 12. Gewiss doch. Jetzt sind Sie in Amerika. Sozusagen in Abrahams Schoß.

NR. 11. Ich weiß.

NR. 12 *(sich rasch korrigierend).* Abraham Lincoln, meine ich. *(Deutet auf das Bild an der Wand.)* Und selbst Abraham Lincoln hätte sich nicht davon abhalten lassen, das Messer zu holen. Es ist nicht fein, sein Messer in andrer Leute Brust stecken zu lassen.

NR. 7. Noch dazu bei so nahen Verwandten!

(Einige lachen.)

NR. 4. Ich finde das nicht lächerlich. Der Junge war sich bewusst, dass gewisse Leute das Messer wiedererkennen würden. Er hatte es ja seinen Freunden gezeigt. Es blieb ihm gar nichts anderes übrig, als es sich wieder anzueignen, bevor es der Polizei in die Hände fiel.

NR. 11. Aber wenn er sich bewusst war, dass man das Messer wiedererkennen würde – warum hat er es nicht gleich mitgenommen?

NR. 4. Warum? Können Sie sich das nicht vorstellen? Erstechen Sie mal Ihren Vater, und ich möchte sehen, wie Sie davonrennen! Verstehen Sie – ich wollte von der Panik sprechen, die den Jungen erfasst haben muss. Als er sich wieder beruhigt hatte – *(schlägt sich an die Stirn)* kam ihm plötzlich der Gedanke: »Das Messer! Ich hab ja das Messer vergessen!«

NR. 11. Was verstehen Sie unter Panik?

NR. 4. Ja – ist das nicht klar?

NR. 11. Nicht ganz. Der Junge muss immerhin so weit bei Besinnung gewesen sein, dass er noch die Fingerabdrücke an dem Messer beseitigen konnte. Man hat doch keine gefunden, nicht wahr?

NR. 8 *(kommt ihm zu Hilfe).* Nein, merkwürdigerweise nicht.

NR. 11 *(wendet sich zu ihm, gelassen).* Wo fing dann seine Panik an – und wo hörte sie auf?

NR. 3 *(tritt zwischen Nr. 8 und 11).* Sie haben doch schuldig gestimmt! Oder nicht? Auf welcher Seite stehen Sie?

NR. 11. Im Zweifelsfalle dort, wo jemand verfolgt wird. Das können Sie mir nicht übelnehmen.

NR. 12 *(lehnt sich im Stuhl zurück).* Alles schön und gut, aber wir wollen uns nicht von persönlichen Erlebnissen irreführen lassen, obwohl ich sie achte! *(Mit erhobener Stimme.)* Jawohl, obwohl ich sie achte! – Immerhin, wenn ich den Mord begangen hätte – *eine* Chance, meine Herren, hätte ich bestimmt nicht verpasst. Ich hätte mir das Messer zurückgeholt! Koste es, was es wolle! – Ich wette 100 : 1, auch der Junge hat nicht anders gedacht. Er hat sich eingebildet: niemand hat ihn gesehen, und die Leiche ist noch gar nicht entdeckt worden. Schließlich war es mitten in der Nacht, und der liebe Gott wartet bis zum nächsten Tag, ehe er uns reinlegt!

NR. 11. Lassen Sie Gott aus dem Spiel. Wir können uns an die Frau auf der anderen Straßenseite halten. Sekunden, nachdem sie den Mord gesehen hat, das heißt Sekunden, nachdem der Hochbahnzug vorbeigefahren ist und sie angesichts der Tat aufgeschrien hat, ist sie zum Telefon gelaufen und hat die Polizei verständigt. Der Junge musste ihren Aufschrei gehört haben. Was folgt daraus?

NR. 12. Nichts als Geschrei.

NR. 11. Der Junge war gewarnt. Er musste sich sagen, dass ihn jemand beobachtet hatte. *(Zu Nr. 7.)* Wären Sie in die

Wohnung zurückgegangen, wenn Sie der Mörder gewesen wären?

NR. 7. Ich werde mich hüten.

NR. 4 *(eindringlich)*. Stimmt alles – bis auf zwei Dinge. Erstens: die Panik macht einen taub. Auch für Schreie. Zweitens: vielleicht hat er sie schreien hören – *(zu Nr. 8)* möglich ist alles – aber muss er den Aufschrei unbedingt auf seine Tat bezogen haben? In seiner Nachbarschaft schreit man den ganzen Tag. Das gehört da zum guten Ton.

NR. 8. Vielleicht hat er seinen Vater erstochen, vielleicht den Aufschrei der Frau gehört, ist in der Panik geflüchtet und hat sich drei Stunden später wieder gefasst. Dann kam er zurück, um das Messer zu holen – selbst auf das Risiko hin, dass die Polizei schon da war. Vielleicht war es so – vielleicht auch nicht.

NR. 10 *(schlägt mit der Faust auf den Tisch)*. Tatsachen! Wir haben genug Vielleichts gehört!

NR. 8. Die Tatsache, die mich im Moment interessiert: – war der Junge während des Mordes überhaupt zu Hause? Ich habe da meine Zweifel.

NR. 10 *(springt auf)*. Zweifel?! Ich bin bald so weit, dass ich an meinem Verstand zweifle! *(Zu allen.)* Er ist ein Taschenspieler, nichts weiter.

(Rüttelt Nr. 11, der still vor sich hinblickt, an der Schulter.)

Hat der alte Mann den Burschen nach Mitternacht aus dem Haus rennen sehen – oder hat er nicht?

(Nr. 11 wendet sich von ihm ab und blickt Nr. 8 an. Nr. 10 geht um ihn herum und starrt ihn von der anderen Seite an.)

Bekomme ich endlich eine befriedigende Antwort?

(Nr. 11 schweigt.)

NR. 8. Ich möchte einen Vorschlag machen.

NR. 10 *(winkt verdrossen ab)*. Ach, machen Sie doch, was Sie wollen!

NR. 8 *(zum Obmann)*. Ich bitte um eine neue Abstimmung.

OBMANN *(ratlos)*. Eine neue Abstimmung? Von mir aus! *(Zu Nr. 10.)* Wollen Sie nicht Platz nehmen?
(Nr. 10 setzt sich resigniert.)

NR. 3 *(nimmt ebenfalls Platz)*. Eine Zeitverschwendung für nichts und wieder nichts!

NR. 2 *(vermittelnd)*. Nur eine Sekunde.

NR. 3. Eine Sekunde – das höre ich schon seit Stunden. Aber bitte – *(Stützt sein Kinn zwischen die Hände und sieht den Obmann herausfordernd an.)*

OBMANN. Ich tue nur meine Pflicht. – Wer für »nicht schuldig« stimmt, soll die Hand heben.
(Alle belauern sich gegenseitig, während Nr. 5, Nr. 8 und Nr. 9 die Hände heben.)

OBMANN. Kein Fortschritt. Eins, zwei, drei – »nicht schuldig«. Neun »schuldig«.

NR. 7. Prost Neujahr! *(Zu Nr. 5.)* Baltimore, gib dich geschlagen! An Aufholen ist nicht zu denken!

NR. 11 *(hebt langsam die Hand)*. Nicht schuldig.

NR. 7. Protest!

NR. 3. Wie lange wollen Sie noch auf unsern Nerven sägen? Die treiben uns zum Wahnsinn! Schuldig, schuldig, schuldig! Sind Sie denn blind? *(Zu Nr. 4, der an seiner Brille rückt.)* Sagen Sie ihnen doch, dass sie blind sind! Wir machen uns ja lächerlich! *(Steht auf und geht auf Nr. 5 zu.)*

OBMANN. 8 : 4 für »schuldig«. Das ist der momentane Stand.

NR. 3 *(bricht aus)*. Was ist das hier eigentlich für ein Verein?

Sind wir ein Aktionskomitee für eine »Woche der Brüderlichkeit« oder so was? Sie sollen in Washington ihr Geld für die unterentwickelten Völker rausschmeißen! *(Über die Schulter von Nr. 5 zu Nr. 11.)* Warum sind Sie umgefallen? Na, warum?! Hier verfolgt Sie niemand, hier können Sie den Mund aufmachen!

NR. 11. Ich brauche mich nicht vor Ihnen zu rechtfertigen. Es genügt, dass ich einen begründeten Zweifel habe.

NR. 3 *(zwängt sich zwischen Nr. 4 und Nr. 5)*. Begründeten Zweifel! Phrasen, nichts als Phrasen! *(Beugt sich über den Tisch, zieht eins der beiden Messer aus der Tischplatte und hält es in die Luft.)* Hier, das ist eine Tatsache! Mit etwas anderem können Sie mir nicht imponieren. Der Mörder, den Sie für unschuldig halten, wurde *gesehen*, wie er dies Ding seinem Vater verpasste! *(Er hält das Messer Nr. 11 dicht vor die Nase.)* Na, schauen Sie sich Ihren »begründeten Zweifel« mal an! *(Fuchtelt damit.)* Sehen Sie, wie er hin und her wackelt!

NR. 9 *(verhalten)*. Sie irren sich.

NR. 3. Wieso?

NR. 9. Das ist nicht die Mordwaffe.

NR. 3. Na, dann nicht! *(Steckt das Messer in seine Rocktasche und geht zum Water Cooler.)*

NR. 7. Junge, Junge, jetzt reicht's aber! *(Zu Nr. 8.)* Sie popeln sich Geschichten aus der Nase und machen sich lustig über uns! Halten Sie das für fair? – *(Zu den anderen.)* Ich wette, wenn unser Kamerad Ringrichter bei Joe Louis gegen Schmeling gewesen wäre, der hätte Schmeling zum Sieger erklärt.

NR. 8. Das war er ja auch. In der siebenten Runde durch K. o.

NR. 7 *(perplex)*. Was Sie nicht sagen! – Aber bei der Revanche hat ihn Joe Louis zusammengehauen, dass er im Spital aufgewacht ist! In der *ersten* Runde! Was sagen Sie nun?

NR. 8. Ich gebe mich noch nicht geschlagen.

NR. 7. Weil Sie kein Sportsmann sind. Sonst könnten wir uns die Hände schütteln – *(schlägt ihm auf den Rücken)* und alles vergessen. Aber *Sie* sind auch für Baltimore! Die Flaschen müssen früher aufstehen! 8 : 4 für die Yankees!

NR. 5 *(plötzlich)*. Früher aufstehen …!

NR. 7. Allerdings! Stört Sie das?

NR. 5 *(etwas unsicher)*. Nein, ich habe nur an den alten Mann denken müssen.

NR. 7. Der ist längst erledigt!

NR. 5 *(seinen Gedanken folgend)*. Er stand aus dem Bett auf, rannte zur Tür und sah den Burschen flüchten. *(Sieht Nr. 7 eindringlich an.)* Hat er wirklich gesagt, dass er zur Tür gerannt ist?

NR. 7. Meinetwegen kann er auch gelatscht sein. Hauptsache, er hat den Mörder gesehen. Ein Punkt für den Alten.

NR. 6 *(zu Nr. 5)*. Ja, ich erinnere mich … Er sagte, er ist zur Tür gerannt.

NR. 5. Dann verstehe ich nicht ganz … Wie kann man mit einem steifen Bein rennen?

NR. 4. Sie irren sich beide. Der Mann hat ausgesagt: er ist von seinem Schlafzimmer zur Wohnungstür gegangen. Von rennen war keine Rede.

NR. 8. Wo lag gleich noch sein Schlafzimmer?

NR. 10. Na, am Ende des Flurs irgendwo. Ich dachte, Sie haben ein so gutes Gedächtnis. Plötzlich Mattscheibe, wie?

NR. 8. Ach, Herr Obmann, ich möchte doch sicherheitshalber noch einmal den Wohnungsplan sehen.

OBMANN. Ja, ist das nötig?

NR. 8. Nur zur Kontrolle. *(Da der Obmann zögert.)* Ich bitte darum.

(Der Obmann geht zur Tür und klopft an. Der Gerichtsdiener öffnet. Sie flüstern miteinander. Der Gerichtsdiener nickt und schließt die Tür wieder.)

NR. 7 *(währenddessen).* Dann können wir ja den beiden die Verhandlung überlassen. Das Resultat können sie uns dann mitteilen. Was strengen wir uns überhaupt noch an?

NR. 10 *(zu Nr. 8).* Was bezwecken Sie damit? Sammeln Sie Beweisstücke?

NR. 5. Moment, ich möchte es auch sehen.

NR. 3 *(kommt vom Water Cooler zurück).* Und ich möchte, dass man kein Schindluder mit uns treibt!

NR. 7. Mir aus der Seele gesprochen!

NR. 4 *(sarkastisch).* Vielleicht könnten wir uns auch noch in corpore an den Tatort begeben und die Stelle besichtigen, wo die Leiche gefunden wurde.

NR. 8. Das brauchen wir gar nicht. Oder legt jemand Wert darauf? Ich möchte nur gern sehen, ob ein Greis, der vor kurzem einen Schlaganfall hatte –

NR. 4. Woher wissen Sie das?

NR. 8. Ich schließe es aus der Art, wie er sein linkes Bein nachschleifte.

NR. 4. Sie schließen! Und was weiter?

NR. 8. Kann man mit einem solchen Gebrechen in 15 Sekunden von seinem Bett zur Flurtür gehen?

NR. 3. In 20 Sekunden! Er sagte: in 20 Sekunden! Warum verdrehen Sie das schon wieder?

NR. 11. Er sagte: 15.

NR. 3 *(wendet sich zu Nr. 11).* Und wie lange ist das? Wollen

Sie mir das sagen? Sie können ja gar nicht beurteilen, wie lange 20 Sekunden sind!

NR. 9. Er sagte: 15 Sekunden! In diesem Punkt war er sogar sehr sicher.

NR. 3 *(wütend zu Nr. 9)*. Haben Sie den Alten nicht gesehen, verdammt noch mal!? Die halbe Zeit war er durcheinander! Wie hat er da überhaupt in einem Punkt sicher sein können – na ja, ich meine nur – *(Er bricht ab, über sich selbst bestürzt, und blickt sich betreten unter den Schweigenden um.)*

NR. 4. Ich sehe wirklich nicht ein, was wir beweisen wollen. Der Alte sagte: er hat den Jungen flüchten sehen. Er hatte ein lahmes Bein, aber er war nicht blind.

NR. 8. Untersuchen wir erst, ob sich seine Aussage in allen Punkten aufrechterhalten lässt. Im selben Moment, als der Körper zu Boden fiel, hörte er oben Schritte durch den Flur auf die Wohnungstür zulaufen. Sie wurde geöffnet, und die Schritte kamen die Treppe herunter. Er selbst erreichte seine Wohnungstür – so schnell er konnte. Dazu will er nicht länger als 15 Sekunden benötigt haben. Er hat das mehrfach beteuert. Wenn also der Mörder sofort zu rennen begann –

NR. 4 *(unterbricht)*. Wer sagt Ihnen, dass er sofort zu rennen begann?

NR. 8. Der alte Mann, wenn Sie sich erinnern.

NR. 7. Kamerad, Sie halten den Weltrekord im Haarspalten! *(Nr. 10 lacht laut.)*

NR. 6. Müssen Sie eigentlich immerzu Witze reißen?

NR. 7. Lieber Freund, Sie kriegen drei Dollar Geschworenentaxe pro Tag, meine Witze inklusive.

(Der Gerichtsdiener kommt mit dem Wohnungsplan herein und übergibt ihn dem Obmann.)

GERICHTSDIENER. Ist das richtig so?

OBMANN. Ja, danke.

(Er kehrt zum Tisch zurück. Nr. 12 geht eilig an ihm vorbei auf die Tür zu, wo ihm der Gerichtsdiener den Weg versperrt.)

GERICHTSDIENER. Wohin, mein Herr?

NR. 12. Ich muss meine Frau anrufen. Sie ängstigt sich sonst zu Tode.

GERICHTSDIENER. Bedaure, das ist nicht gestattet. Kann ich das für Sie tun? Wie ist die Nummer?

NR. 12. Unerhört! – Manhattan 74–13–42. Sagen Sie meiner Frau, mir geht es gut. Ich komme erst morgen früh nach Hause.

GERICHTSDIENER. Und wenn sie fragt, warum?

NR. 12. Ich weiß es selber nicht. Das müssen Sie den Herrn da fragen.

(Er deutet auf Nr. 8, der sich über den Plan beugt, den der Obmann indessen auf dem Tisch ausgebreitet hat. Der Gerichtsdiener zieht sich achselzuckend zurück und schließt von draußen wieder ab. Nr. 12 nähert sich dem Tisch, an dem sich die Geschworenen allmählich um Nr. 8 versammeln. Nur Nr. 3, Nr. 7 und Nr. 10 bleiben desinteressiert.)

NR. 8 *(erläutert den Plan)*. Das ist die Wohnung, in der der Mord begangen wurde. Die Wohnung des alten Mannes liegt direkt darunter und hat die gleichen Ausmaße. Die Fensterfront verläuft parallel zu den Hochbahnschienen. Sehen Sie. Hier das Schlafzimmer … noch ein Schlafzimmer … Wohnzimmer … Bad und Küche. Die Türen führen alle auf einen langen Flur. Hier am vorderen Ende befindet sich die Wohnungstür. Und hier die schraffierte Linie – die Treppe zwischen den beiden Stockwerken. Am anderen Ende des Flurs liegt das Mordzimmer, direkt über dem Schlafzimmer des alten Mannes. Der kleine rote Kreis da bezeichnet die Stelle, wo die Leiche gefunden wurde. *(Richtet sich auf und sieht die Geschworenen an.)* Der alte Mann lag im Bett. Nach seiner Aussage ist er aufgestanden, in den Flur gegangen, hat ihn durchquert ... bis zur Wohnungstür, diese geöffnet und gerade noch gesehen, wie der Junge die Treppe herunterrannte. Ist es so weit richtig?

NR. 3 *(der gar nicht hingesehen hat, dreht sich um)*. Die Geschichte haben wir jetzt bis zum Erbrechen gehört!

NR. 8 *(beachtet ihn nicht)*. Und das alles in 15 Sekunden.

NR. 11. Stimmt.

NR. 8. Sein Bett stand am Fenster. Es sind – *(beugt sich wieder über den Plan)* vom Bett bis zur Schlafzimmertür 3,60 m. Die Länge des Flurs beträgt – 14,40 m. – Daraus folgt: er musste aus seinem Bett aufstehen, 3,60 m gehen, die Schlafzimmertür öffnen, weitere 14,40 m gehen und die Wohnungstür öffnen, und alles in 15 Sekunden. Glauben Sie, dass er das konnte?

NR. 10. Natürlich hat er's gekonnt!

NR. 11. Mit seinem steifen Bein? Man hat ihm in den Zeugenstand helfen müssen.

NR. 3. Als ob 18 Meter ein Marathonlauf sind!

NR. 8. Für einen alten Mann, der einen Schlaganfall hatte, ist es zumindest ein langer Weg. Ich würde vorschlagen, dass wir selber feststellen, wie lange er dazu gebraucht hat.

NR. 3. Sie wollen doch nicht etwa ausprobieren ...?

NR. 8. Warum nicht? Es ist wichtig.

NR. 3. Warum hat es sein Anwalt nicht vorgebracht, wenn es so wichtig ist?!

NR. 5. Vielleicht hat er nicht daran gedacht.

NR. 10. Lächerlich! Der Mann ist doch kein Rindvieh. Das war ein ganz gehängter Bruder! Hat sofort gesehen, dass hier nichts mehr zu holen ist.

NR. 5. Haben *Sie* denn daran gedacht?

NR. 10 *(macht einen drohenden Schritt auf Nr. 5 zu)*. Seien Sie froh, dass Sie nicht wissen, an was ich eben gedacht habe?! Sie Leuchte, Sie!

OBMANN *(verzweifelt)*. Also, ich muss doch sehr bitten –

NR. 10. Der Anwalt hat den Mund gehalten, weil er seinem Klienten nicht auch noch schaden wollte. Was sagen Sie nun?

OBMANN. Okay.

NR. 8 *(schnell)*. Oder er wollte einen hilflosen Greis schonen. Das wäre auch denkbar. Auf jeden Fall darf es uns Geschworene nicht beeinflussen. Anwälte können manchmal auch taktvoll sein.

NR. 7. Zum Donnerwetter, was für ein Vogel ist der Alte nun eigentlich!?

NR. 8. Das frage ich mich selbst. – Geben Sie mir einen Stuhl, bitte.

(Nr. 4 reicht ihm einen Stuhl. Nr. 8 greift nach einem zweiten Stuhl.)

Nehmen wir an, diese beiden Stühle sind das Bett des alten Mannes. Ich schreite jetzt die 3,60 m ab, also die Breite des Schlafzimmers. (Er beginnt auszuschreiten und angelt dabei nach einem dritten Stuhl.*)*

NR. 3. Total übergeschnappt! Wollen Sie uns hier einen Parterre-Akt vorführen?

NR. 11. Lassen Sie nur, das interessiert mich.

(Nr. 8 nimmt zuletzt einen halben Schritt, hält an und stellt den dritten Stuhl zu Boden.)

NR. 8. Etwas über 3½ m. Das ist die Schlafzimmertür.

(Sieht sich nach den anderen um, die ihm sprachlos mit den Blicken gefolgt sind.)

Der Flur ist nicht ganz 14½ m lang. Also etwa einmal um den Tisch herum.

(Er geht, wie vorher, Schritt für Schritt, vorn am Tisch entlang und um diesen herum und zählt dabei leise mit. Die anderen verfolgen ihn starr. Nr. 10 geht ihm plötzlich rasch an der gegenüberliegenden Seite des Tisches nach.)

NR. 10. Das ist absoluter Wahnsinn! Wenn Sie seiltänzeln wollen, müssen Sie zum Zirkus gehen! Wir verplempern nur unsere Zeit.

NR. 5 *(ironisch)*. Es kostet uns bloß 15 Sekunden. Das können wir uns schon leisten.

(Nr. 7 stößt auf zwei Fingern einen schrillen Pfiff aus.)

NR. 2 *(zuckt zusammen)*. Was soll der Unsinn?

NR. 7. Schon gut! Erschlagen Sie mich nicht!

(Nr. 8 kommt, noch immer lautlos mitzählend, auf seinem Rundgang um den Tisch wieder nach vorn auf Nr. 10 zu, der ihm kopfschüttelnd ausweicht.)

NR. 8. Ach bitte, noch einen Stuhl.

(Nr. 10 rührt sich nicht. Nr. 9 bringt ihm den Stuhl.)

Danke. *(Setzt den Stuhl als Marke.)* Das ist die Tür zum Treppenhaus. Nach dem Zeugen war sie mit einer Kette verschlossen.

NR. 5. Ja, richtig.

(Nr. 8 geht jetzt zu den zwei Stühlen, die das Bett markieren, und setzt sich darauf.)

NR. 3. Passen Sie nur auf, dass Sie sich nicht zwischen die Stühle setzen!

NR. 8. Hat jemand eine Uhr, mit Sekundenzeiger?

NR. 2. Ich.

NR. 7. Ich habe sogar eine Stoppuhr. Schweizer Fabrikat. Die Schiedsrichter lassen immer über die Zeit spielen. Den Jungens muss man verdammt auf die Finger sehen. *(Streckt die Stoppuhr Nr. 2 hin.)* Ich leih sie Ihnen, weil ich Sie eben so erschreckt habe.

(Nr. 2 nimmt wortlos die Stoppuhr.)

NR. 8. Wenn ich anfangen soll, stampfen Sie mit dem Fuß. Das ist für mich das Zeichen, dass der Körper zu Boden fällt. Und dann stoppen Sie. *(Er »bettet« sich auf den zusammengestellten Stühlen.)*

NR. 7 *(greift nach seinem Jackett)*. Also führen wir Scharaden auf! Wenigstens eine Abwechslung.

(Er geht zu Nr. 8 und schiebt ihm das gefaltete Jackett unter den Kopf.)

Nur, damit Ihr Keks weicher liegt.

NR. 3 *(zwischen den Zähnen)*. Der Schlag soll ihn treffen!

NR. 8. Also – ich bin bereit.

NR. 2. Ja, sofort, bitte –

(Alle warten in stummer Spannung. Plötzlich stampft Nr. 2 mit dem Fuß. Nr. 8 hebt sich in sitzende Stellung, blickt zur Decke, schwingt langsam ein Bein nach dem andern über die Stuhlkante auf den Boden und humpelt, den linken Fuß nachschleifend, auf den Stuhl zu, der die Schlafzimmertür markiert, öffnet sie pantomimisch, macht eine Wendung in den angenommenen Flur hinaus und hinkt um den Tisch herum zum letzten Stuhl, der fiktiven Wohnungstür.)

NR. 10 *(ruft ihm dabei über den Tisch zu)*. Hehehe, keine Zeitlupe! Er ist doppelt so schnell gegangen.

(Nr. 10 geht auf der anderen Seite des Tisches neben Nr. 8 her, der sich in seinem Tempo nicht beirren lässt.)

NR. 11. Im Gegenteil. Das ist sogar schneller, als der alte Mann im Gerichtssaal ging.

NR. 8. Bitte, ich kann auch schneller gehen. *(Er beschleunigt leicht seine Schritte und hinkt auf die »Wohnungstür« zu.)*

NR. 3. Ein bisschen dalli! Ich hab das Affentheater satt! *(Aber die anderen verfolgen gebannt, wie Nr. 8 die Stuhllehne berührt, dann pantomimisch die Türkette löst und öffnet.)*

NR. 8 *(laut)*. Stopp!

(Es ist so still geworden, dass man sogar das Einschnappen der Stoppuhr hört.)

NR. 2 *(sieht gespannt auf)*. Ja?

NR. 8. Wie viel Sekunden?

NR. 2. Genau ... 39 ... 7 ... 39,7 Sekunden.

(Verblüffung, Ratlosigkeit, aber immer noch Stille.)

NR. 7 *(reißt Nr. 2 die Uhr weg und betrachtet sie kopfschüttelnd)*. Mamma mia, die Uhr geht falsch.

NR. 11 *(lächelt)*. Schweizer Uhren sind im Allgemeinen zuverlässig.

NR. 8 *(kommt nachdenklich nach vorn, wie zu sich selbst)*. Ja – so könnte es sich abgespielt haben. *(Blickt auf.)* Der alte Mann hatte ein paar Stunden vorher einen Streit zwischen Vater und Sohn gehört und – während er schon im Bett lag, hörte er einen dumpfen Aufprall über der Decke – und dann den Schrei der Frau auf der anderen Straßenseite ... er stand auf, versuchte zur Tür zu gelangen, hörte jemand die Treppe runterrennen und nahm eben an: es war der Junge.

NR. 6. Ja – das kann sein …

NR. 3 *(wie von der Tarantel gestochen).* Nahm an, nahm an was wollen wir nicht noch alles annehmen?! Ich habe genug Schweinereien in meinem Leben gesehen, aber das geht mir über die Hutschnur! *(Zu Nr. 8.)* Sie verspritzen Ihr Herzblut, erzählen uns wilde Geschichten von armen Kinderlein, die man in Elendsviertel verstoßen hat, vom Unrecht der ganzen Welt und was alles noch – *(gegen die anderen)* und siehe da: ein paar alte Weiber fangen an zu flennen. Aber ihr heult mit den Wölfen! *(Wieder zu Nr. 8.)* Mich machen Sie nicht weich! Mir hängt's zum Hals raus! *(Zu den anderen.)* Seid ihr alle von der Heilsarmee? Jeder in diesem Raum kennt die Tatsachen, jeder weiß genau, dass der Bursche schuldig ist! Der Strom soll durch seinen Körper fahren! *(Er versetzt dem Stuhl, der die Wohnungstür markiert hat, einen Fußtritt.)* Wir lassen ihn durch unsere Finger schlüpfen!!!

NR. 8 *(richtet den Stuhl wieder auf).* Durch *unsere* Finger schlüpfen? – Sind Sie sein Henker?

NR. 3. Ja, ja, in Gottes Namen, ja!

NR. 11 *(sehr beherrscht).* Sie könnten wirklich den Strom einschalten?

NR. 3 *(brüllend).* Für diesen Halunken? Sie können Gift drauf nehmen, ich würde mir ein Vergnügen draus machen!

NR. 11 *(wie aus einer Erinnerung). Die* Gesichter kenne ich.

NR. 3. Fangen Sie nicht mit mir an!

NR. 8. Wie muss es in einem aussehen, wenn man den Strom einschalten will? – Seit wir diesen Raum betreten haben, spielen Sie sich als Scharfrichter auf. Wer hat Sie eigentlich dazu ernannt?

NR. 3 *(unterdrückt)*. Maul halten!

NR. 8. Sie wollen den Jungen sterben sehen, weil Sie persönlich es wünschen. Nicht der Tatsachen wegen.

NR. 3 *(drohend)*. Maul halten!!

NR. 8. Sie sind ein Sadist.

NR. 3 *(wie von Sinnen)*. Maul halten!!!

(Er stürzt sich keuchend auf Nr. 8, wird aber von vielen Händen festgehalten. Nr. 8 macht keine Bewegung. Nr. 3 schlägt um sich.)

Loslassen! Ich bring ihn um!! *Ich bring ihn um!!!* Ich bring ihn …

(Nr. 3 wehrt sich plötzlich nicht mehr. Die Geschworenen geben ihn frei, so dass ein luftleerer Raum um ihn entsteht. Einige Sekunden starrt er hasserfüllt Nr. 8 an, der sich nicht rührt. Dann wendet er sich abrupt, zieht seine Krawatte fester und geht langsam, wie ein geprügelter Hund, zum Fenster. Alle sehen ihm in beklommenem Schweigen nach. Währenddessen schließt sich ganz langsam der –)

Vorhang

(Große Pause)

Dritter Akt

An der Situation hat sich nichts geändert. Nr. 3 steht unbeweglich am Fenster. Sein Zornesausbruch steckt den Geschworenen noch in den Gliedern. Drückendes Schweigen. Dann wird an die Tür geklopft. Einige fahren unwillkürlich zusammen. Der Gerichtsdiener blickt herein.

GERICHTSDIENER. Fehlt den Herren was?

OBMANN *(verlegen)*. Nein, uns – wir brauchen nichts. *(Greift nach dem Wohnungsplan und geht zur Tür.)* Eine kleine Meinungsverschiedenheit. Sonst ist alles in Ordnung. *(Übergibt dem Gerichtsdiener den Plan.)* Danke.

GERICHTSDIENER *(dreht sich in der Tür nochmals um, zu Nr. 12)*. Übrigens – die Dame lässt sagen, sie hat den Herrn heute gar nicht erwartet. *(Zieht sich zurück.)*

NR. 12. Verflixt, ich muss die Nummern verwechselt haben.

NR. 7 *(grinsend)*. Kein Wunder bei diesem Geschwätz!

(Nr. 12 setzt sich verärgert. Alle versinken wieder in Schweigen.)

NR. 3 *(dreht sich jäh um)*. Was starrt ihr mich alle so an?!

NR. 4. Kein Mensch hat Sie angestarrt.

NR. 3 *(verbissen)*. Ich habe es doch gespürt.

NR. 4. Sie sind übersensibel. *(Zu den anderen.)* Jemand muss ja wohl das Wort ergreifen.

(Keine Resonanz. Einige begeben sich auf ihre Plätze zurück. Jeder scheint damit beschäftigt, ganz für sich einen Ausweg aus diesem Dilemma zu finden. Und allmählich wird es dunkler im Raum.)

NR. 11. Ich bitte um Entschuldigung …

NR. 10. Warum sind Sie immer so höflich?

NR. 11. Aus dem gleichen Grund, aus dem Sie es nicht sind. – Wir sind nicht hier, um uns die Köpfe blutig zu schlagen.

NR. 7. Wenn Sie kein Blut sehen können, dürfen Sie nicht zum Boxkampf gehen.

NR. 11. Das ist kein Boxkampf. Wir haben eine Verantwortung. Ich habe immer gedacht, das sei das Wesen einer Demokratie. Wir sind hierher ... wie heißt gleich das Wort ... *(sucht es)* zitiert worden –

NR. 7. Das ist ein Fremdwort.

NR. 11. Also gut – aufgerufen worden –

NR. 7. Durch die Post.

NR. 11. Durch die Post. Auch die Post ist eine staatliche Einrichtung. Und der Staat – der sind im Moment wir. *(Nicht ganz ohne echtes Pathos.)* Wir sind durch die Post hierher beschieden worden, um über Schuld oder Unschuld eines Menschen zu entscheiden, eines Mitbürgers, den wir niemals vorher gekannt haben. Unser Spruch kostet uns nichts und bringt uns nichts ein. Das ist einer der Gründe, warum wir stark sind. Wir sollten daraus keine persönliche Sache machen. Wir sind unabhängig.

NR. 7. Hat schon Washington gesagt und gründete die Vereinigten Staaten.

NR. 11 *(mit Nachdruck)*. Ja, die Vereinigten Staaten! Und die vertreten wir hier. *(Fügt nach einer Pause bescheiden hinzu.)* Das wollte ich nur sagen. Danke.

(Peinliches Schweigen.)

NR. 12 *(affektiert)*. Hm, wenn niemand eine bessere Idee hat, ich habe ein Ideechen. Ich habe nicht groß darüber nachgedacht. Aber ich setze es mal kurzerhand den rauen Winden aus. Vielleicht kommt eine Katze und schleckt es auf.

OBMANN. Drücken Sie sich etwas klarer aus.

NR. 12. Nur Geduld! Also – als der Krieg zu Ende war –

NR. 7 *(deutet zum Fenster, das sich immer mehr verdunkelt hat).* Sehen Sie mal, wir werden gleich ein Gewitter bekommen. *(Pause.)*

NR. 6 *(zerrt sich am Kragen).* Phhh, ist das drückend! *(Zu Nr. 4.)* Schwitzen Sie nicht?

NR. 4 *(trocken).* Nein. Ich schwitze nie.

(Nr. 3 geht zum Water Cooler.)

NR. 6. Uff, wie wäre es, wenn wir nochmals abstimmen würden?

NR. 7 *(schlägt ihm auf die Schulter).* Bruder, das ist ein Wort! Und anschließend Schwof im Freien und eisgekühlte Getränke!

NR. 6. Herr Obmann?

OBMANN. Mir ist alles recht. – Irgendein Einwand?

(Er blickt sich unter den Geschworenen um. Kein Widerspruch.)

NR. 10. Aber eine offene Abstimmung! Auge in Auge. Dann kann sich keiner verstecken.

OBMANN. Einverstanden. Oder hat jemand Bedenken? – Keiner. Ich rufe Sie nach Ihren Nummern auf. *(Er greift nach Papier und Bleistift, um das Ergebnis zu notieren.)* Ich selbst stimme »schuldig«. *Nr. 2*?

NR. 2. Nicht schuldig.

OBMANN. Nr. 3?

NR. 3 *(am Water Cooler, dreht sich scharf um).* Schuldig!

OBMANN. Nr. 4?

NR. 4. Schuldig.

OBMANN. Nr. 5?

NR. 5. Nicht schuldig.

OBMANN. Nr. 6?

NR. 6 *(leise)*. Nicht schuldig.

(Reaktion der anderen.)

OBMANN. Nr. 7?

NR. 7. Schuldig!

OBMANN. Nr. 8?

NR. 8. Nicht schuldig.

OBMANN. Nr. 9?

NR. 9. Nicht schuldig.

OBMANN. Nr. 10?

NR. 10. Natürlich schuldig!

OBMANN. Nr. 11?

NR. 11. Nicht schuldig.

OBMANN. Nr. 12?

(Nr. 12 kritzelt, mit sich selbst zerfallen, auf ein Blatt Papier.)

Nr. 12?

NR. 12 *(fährt auf)*. Schuldig, schuldig …

OBMANN *(überfliegt sein Protokoll)*. 6 : 6.

NR. 7. Und jetzt beginnt die zweite Halbzeit.

NR. 10. 6 : 6! Die eine Hälfte kann nicht normal sein. So ein Bursche und unschuldig! Da geht einem das Benzin aus!

NR. 9 *(versöhnlich zu Nr. 10)*. Sie lassen sich von Ihren Vorurteilen leiten, aber wir müssen uns an die Tatsachen halten.

NR. 10 *(mit brüsker Handbewegung)*. Aaah, kommen Sie mir bloß nicht damit! Ich bin schon ganz dösig vor lauter Tatsachen! Man kann sie drehen und wenden …

NR. 9 *(deutet auf Nr. 8)*. Darin stimmen Sie mit dem Herrn überein. Nur brüllen Sie aus voller Lunge, und dieser Herr – ach, wenn ich bloß etwas jünger wäre … *(Es fällt ihm plötzlich schwer, weiterzusprechen.)* Es ist wirklich schwül hier …

NR. 8 *(nickt ihm zu).* Soll ich Ihnen ein Glas Wasser holen?

NR. 9. Nein, danke. Es geht schon vorüber.

(Lastende Stille. Es ist noch dunkler geworden. Nr. 10 geht zum Water Cooler.)

NR. 2 *(sieht sich nach den Fenstern um).* Es wird gleich regnen.

NR. 7 *(spöttisch).* Ach, nein?! – Wieso hat sich Ihr Mäntelchen plötzlich nach dem Wind gedreht?

NR. 2 *(verlegen).* Nun, einerseits –

NR. 7. Andrerseits! Sie haben nicht nur *ein* Bein, um drauf zu stehen!

NR. 2. Schon – aber mein Gefühl sagt mir … da gibt es verschiedene Dinge, die nie so ganz klar geworden sind –

NR. 10 *(dreht sich am Water Cooler um).* Und jetzt sind sie Ihnen klar, was! Sie sind wie alle andern. Sie denken zu viel, und das bekommt Ihnen schlecht. *(Zu Nr. 3.)* Stimmt's?

(Nr. 3 schweigt.)

NR. 2 *(steht auf und nähert sich dem Water Cooler).* Bitte, Sie haben kein Recht so zu reden, ich –

(Nr. 10 presst seinen Pappbecher zusammen, schleudert ihn an Nr. 2 vorbei und entfernt sich zum Tisch.)

NR. 2 *(unterdrückt).* Angeber!

(In die wieder eintretende Stille beginnt draußen der Regen zu rauschen. Aber das Gewitter bleibt aus. Und man hört eine Weile nur den Regen, monoton, unablässig, wie in den Tropen.)

NR. 9 *(blickt versonnen vor sich hin).* »Und der Regen regnet jeglichen Tag …«

OBMANN *(aufhorchend)*. Ah, Shakespeare …! *(Mit den Lippen schnalzend.)* Ein guter Mann!

(In diesem Moment geht das elektrische Licht an. Nr. 8 hat es eingeschaltet und blickt zum Fenster.)

OBMANN. Na, das wird uns abkühlen.

NR. 8 *(lächelt etwas abwesend)*. Hoffentlich.

OBMANN *(tritt ans Fenster)*. Heiliger Strohsack! Es pladdert ganz hübsch. Das erinnert mich an das Sauwetter, das wir letztens … na, Ende November hatten. An dem Wolkenbruch war alles dran. Mitten im Endspiel um die Meisterschaft der Höheren Schulen.

(Er wendet sich nach den anderen um, die ihn verständnislos ansehen. Aber für ihn ist endlich der große Augenblick gekommen.)

Wir lagen 7 : 5 im Rückstand. Aber wir waren gerade am Schlag. Junge, das vergess ich mein Lebtag nicht. Bei uns spielte William Shattery. Ein Knäblein, aber gewachsen wie eine Eiche. So was haben wir heute nicht mehr.

NR. 9. Wie bitte?

OBMANN. Ach so – ich hab Ihnen noch gar nicht gesagt, dass ich Assistent vom Cheftrainer des Andrew J. McCorcle-College bin. Wir spielten wirklich prima. Der Widerstand der anderen war schon im Wanken. Ich sage Ihnen, dieser Shattery – ein Shakespeare des Baseballs! Höhöhö! Und plötzlich gießt es aus Kübeln. Der reinste Weltuntergang. Ich schwöre, ich habe fast geheult. Unser Sieg wurde buchstäblich zu Wasser. Seitdem werde ich immer ganz traurig, wenn ich Regen sehe.

(Nur Nr. 8 hat ihm bis zuletzt zugehört. Der Obmann registriert es dankbar und nimmt ziemlich kläglich seinen

Platz wieder ein. Nr. 10 ist währenddessen in den Waschraum gegangen.)

NR. 7. Nach dieser eindrucksvollen Schilderung könnten wir eigentlich den Ventilator anstellen. Ist das ein Vorschlag?

NR. 9. Falls das Ihr einziger Vorschlag ist –

NR. 7. Wenn Sie nichts dagegen haben!

NR. 3. Jacke wie Hose, wir sitzen in der Tinte. *(Zu Nr. 4.)* Hübsche Überraschung!

NR. 4. Es überrascht mich gar nichts mehr.

NR. 3 *(gewinnt allmählich wieder Oberwasser)*. Na, was der Herr Zauberkünstler uns da eben vorpraktiziert hat, beweist so gut wie nichts! Er hat es nur darauf abgesehen, mich bis aufs Blut zu reizen. Weiß Gott, ich bin kein Lamm! *(Dreht sich nach Nr. 8 um.)* Aber wenn einer die Stirn hat, mich Henker zu nennen, Sadist und was alles noch …! Da würde jeder gesunde Mensch aus der Haut fahren! Er will mich einfach reizen!

NR. 4 *(trocken)*. Das scheint ihm auch gelungen zu sein.

(Pause. Man hört das Geräusch der Wasserspülung.)

NR. 10 *(kommt aus dem Waschraum und knöpft noch den letzten Knopf seines Hosenträgers an)*. Ich habe eben einen Entschluss gefasst.

(Alle wenden sich ihm zu.)

So kommen wir nicht weiter. Ich bin bereit, zum Präsidenten zu gehen und die Erklärung abzugeben, dass wir in der Luft hängen. Alles andere ist sinnlos.

NR. 7. Ich schließe mich an. Wir wollen das Gericht nicht länger warten lassen. Das Bürschlein soll sein Glück mit zwölf anderen Kollegen versuchen. Einverstanden?

NR. 8. Ich fürchte, wir geben etwas zu schnell auf.

NR. 7. Fangen wir wieder von vorne an! Die Erde ist rund.

NR. 11 *(zu Nr. 8)*. Ich bin Ihrer Meinung.

NR. 7 *(zu Nr. 11)*. Der Bursche würde bei keinen anderen Geschworenen eine Chance haben. Deshalb wollen Sie uns hier bis zum Morgengrauen festhalten. *(Zu allen.)* Was ist los – wir hängen! Niemand will nachgeben. Gehen wir zum Richter!

NR. 5. Sie glauben noch immer nicht, dass für einen begründeten Zweifel genügend Anhaltspunkte bestehen?

NR. 7. Nicht in die Tüte!

NR. 11. Entschuldigen Sie, aber ist Ihnen der Begriff »begründeter Zweifel« vollkommen klar?

NR. 7 *(ereifert sich)*. Was soll mir nicht klar sein! *(Zu allen.)* Diese Emigranten! Erst rennt er um sein Leben in unser Land, und bevor er noch einen Schnauf getan hat, will er uns schon erzählen, wie wir uns verhalten sollen. Junge, Junge, das nenn ich Chuzpe!

NR. 5. Moment! Niemand in unserm Kreis fragt Sie, wo *Sie* hergekommen sind.

NR. 7. Ich bin hier geboren.

NR. 5. Oder wo Ihr Vater hergekommen ist …

(Er sieht Nr. 7 eindringlich an, während dieser seinem Blick ausweicht.)

Vielleicht würde es uns nichts schaden, wenn wir ein paar Tipps von den Leuten annehmen, die zu uns um ihr Leben gerannt sind. Vielleicht könnten wir sogar noch etwas lernen. Wir sind gar nicht so perfekt.

NR. 11 *(lächelnd zu Nr. 5)*. Ach bitte, ich bin das gewohnt. Es ist schon in Ordnung. – Aber ich danke Ihnen.

NR. 5 *(schlägt mit der Faust auf den Tisch)*. Nichts ist in Ordnung!

NR. 7. Ja doch, ja, ich entschuldige mich. *(Steht auf und streckt Nr. 11 die Hand hin, über die Schulter zu Nr. 5.)* Zufrieden?

NR. 5. Nein! *(Steht auf.)* »Wir halten die folgenden Wahrheiten für allgemein gültig: dass alle Menschen gleich geboren sind; dass sie von ihrem Schöpfer mit bestimmten unverbrüchlichen Rechten begnadet sind; dass zu diesen Rechten das Leben, die Freiheit und das Streben nach Glück gehören –«

NR. 12. Ist das von Karl Marx?

NR. 5. Nein, die Unabhängigkeitserklärung von Thomas Jefferson, wenn Sie schon von ihm gehört haben.

NR. 12 *(reserviert).* Ja, ich erinnere mich. Wer sind Sie?

NR. 5 *(unbetont).* Ich bin vor zwei Wochen ausgesperrt worden, weil der Betrieb auf Vollautomatisierung umgestellt wird. *(Setzt sich.)*

NR. 7 *(geht an ihm vorbei).* Hat nicht einer was Vernünftiges zu sagen? *(Setzt sich.)*

NR. 8. Wenn die Herren nichts dagegen haben –

NR. 4. Aber Tatsachen, bitte!

NR. 8. Ein wesentlicher Punkt der Anklage war die Tatsache, dass der Junge erst behauptet hatte, er wäre zur Zeit des Mordes im Kino gewesen, und dann konnte er sich nicht mehr an die Titel der Filme und die Stars erinnern. *(Beugt sich zu Nr. 4 hin.)* Sie haben das schon mehrfach erwähnt.

NR. 4. Allerdings. Es war das einzige Alibi, das der Junge zu bieten hatte. Leider ist er die Details schuldig geblieben.

NR. 8 *(spontan).* Könnten Sie sich an Details erinnern, wenn Sie Ihr Vater gerade ins Gesicht geschlagen hätte? Würde Sie das nicht aufgewühlt haben?

NR. 4. Nicht, wenn es um meinen Kopf gegangen wäre. Sein Gedächtnis hat versagt, weil er überhaupt nicht im Kino war.

NR. 8. Die Polizisten haben ausgesagt, dass sie ihn in der Küche vernommen haben, während die Leiche seines Vaters nur ein paar Schritte weiter im Schlafzimmer lag. Würden Sie sich auch dann noch auf Details besinnen?

NR. 4. Bedaure – ja.

NR. 8. Es würde Sie vollkommen kalt lassen?

NR. 4. Das habe ich nicht gesagt. Ich würde jedenfalls meinen Kopf retten.

NR. 8. Vor Gericht sind ihm die Titel der Filme wieder eingefallen, auch die Namen der Stars.

NR. 4. Ein Meisterstück seines Anwalts. Es ist ja auch ungeheuer schwierig, festzustellen, was vor drei Monaten in einem bestimmten Kino in einer bestimmten Nacht für ein Programm war. Und der arme Junge hatte von der Mordnacht bis zum Prozess nur volle drei Monate, um die Titel auswendig zu lernen. – Nein, mein Herr, da möchte ich mich doch lieber an die Aussage der Polizisten halten, die ihn drei Stunden nach dem Mord verhört haben. Da konnte er sich an nichts erinnern, weder an die Filme noch an die Stars – aber vielleicht haben ihn gewisse Kurven so aufgeregt, dass seine Gedächtnislücke entschuldbar ist.

(Einige lachen.)

NR. 8. Ich möchte Ihnen eine persönliche Frage stellen.

NR. 4. Bitte.

NR. 8. Wo waren Sie gestern Abend?

NR. 4. Ich war zu Hause.

NR. 8. Und vorgestern?

NR. 4. Ich war in meinem Büro – ungefähr bis halb neun, und dann bin ich nach Hause gegangen und habe mich sofort zu Bett gelegt.

NR. 8. Und am Abend vorher?

NR. 4 *(leicht irritiert)*. Am Abend vorher … Sie meinen am Dienstag? Da war ich … ja natürlich … mein Bridgeabend. Wir hatten gerade ein Turnier.

NR. 8. Und Montagabend?

NR. 7. Wenn Sie ihn bis Neujahr runter haben, schicken Sie mir eine Postkarte!

(Nr. 10 lacht schallend und bekommt einen Hustenanfall. Nr. 7 steht auf und klopft ihn auf den Rücken.)

NR. 7. Tief atmen! Der Junge hat Nerven.

NR. 4 *(denkt angestrengt nach)*. Montagabend, sagten Sie …? Montagabend … *(Plötzlich.)* Montagabend war ich mit meiner Frau im Kino.

NR. 7. Sind Sie ganz sicher, dass es Ihre Frau war?

NR. 4 *(streift ihn mit einem verärgerten Blick)*. Ja.

NR. 8 *(zupackend)*. Was haben Sie gesehen?

NR. 4 *(ohne sich zu besinnen)*. »Der scharlachrote Reiter«. *(Lächelt.)* Geben Sie sich keine Mühe.

NR. 8. Und der zweite Film?

NR. 4 *(eine Sekunde verdutzt)*. Der zweite … einen Moment … die … die phantastische Mrs. Sowieso …

NR. 12. Mrs. Bainbridge. Ein Schmarren.

NR. 7 *(belustigt)*. Nicht vorsagen!

NR. 4 *(mit entschuldigendem Lächeln)*. Ja, ganz recht. »Die phantastische Mrs. Bainbridge«. Personennamen sind meine schwache Seite.

NR. 2. Ich habe den Film auch gesehen. Er heißt »Die ungewöhnliche Mrs. Bainbridge«.

NR. 4 *(verlegen).* »Die ungewöhnliche Mrs. Bainbridge«. Natürlich.

NR. 8 *(unterdrückt ein Lächeln).* Und wer war die ungewöhnliche Mrs. Bainbridge? Ich meine die Schauspielerin.

NR. 4 *(nach einer längeren Pause).* Wie hieß sie gleich ... Barbara ... Barbara Long ... *(zu Nr. 12)* nicht wahr? So ein dunkles, sehr attraktives Girl ... Lang ... Lane ... na, Sie wissen schon –

NR. 8. Und wer noch?

NR. 4 *(verliert die Geduld).* Lauter Unbekannte! Wer soll sich die merken? Es war ein zweitklassiger Film –

NR. 8 *(ruhig).* Und Sie haben sich nicht dabei aufgeregt?

NR. 4. Nein, ganz bestimmt nicht! Bei so einem –
(Stockt und sieht plötzlich Nr. 8 an, der befriedigt nickt.)

NR. 7 *(macht einen Laut, der wie ein Gong tönt).* Pööööng ...!

NR. 9 *(in das eintretende Schweigen).* Der Punkt wäre geklärt.

NR. 10. Gar nichts ist geklärt! Der Herr hat uns restlos davon überzeugt, dass er Dienstagabend im Kino war.

NR. 9 *(lächelnd).* Montagabend.

NR. 10. Nein, Dienstag!

NR. 9 *(ruhig).* Montagabend.

NR. 10. Also meinetwegen, Montag. *(Schnaubt sich die Nase, dann wütend zu Nr. 8.)* Sie können von mir aus reden, bis Ihnen die Zunge auf den Boden hängt! Der Junge ist schuldig! Das ist alles, mein Freund! *(Ein neuer Hustenanfall würgt ihn.)* Wo sind die Hustenbonbons?

NR. 2 *(hält ihm die leere Tüte über den Tisch hin).* Das ist alles, mein Freund.

NR. 6. Wie spät ist es eigentlich?
*(*NR. 5 *deutet auf die Uhr über der Eingangstür.)*

NR. 7 *(grinsend)*. Es ist 5 nach 6. *(Blickt zum Fenster.)* Phhh, wie das schifft!

(Schweigen. Nur das anschwellende Regengeräusch.)

NR. 2 *(deutet auf das Messer, das vor Nr. 7 in der Tischplatte steckt)*. Darf ich das mal einen Augenblick haben?

NR. 7 *(zieht das Messer aus der Tischplatte und wirft es Nr. 2 hinüber)*. Aber schneiden Sie sich nicht!

(Schweigen.)

OBMANN. Ich darf nochmals feststellen, dass wir unentschieden stehen. 6 : 6. Also was nun? Hat jemand eine Idee?

NR. 12. Ja, ich. – Wir gehen jetzt abendessen.

NR. 5. Es ist noch nicht sieben. *(Zu Nr. 12.)* Warten wir noch eine Stunde.

NR. 12. Wenn Sie keinen Hunger haben.

NR. 2 *(hat das Messer von allen Seiten betrachtet)*. Hm ... ich möchte gern ... ja, es lässt mir schon die ganze Zeit keine Ruhe ... da war doch die Sache mit der Stichwunde ...

NR. 3 *(fährt ihn an)*. Sie sind selber gestochen! Darüber ist lang und breit verhandelt worden.

NR. 2 *(hebt langsam den Arm mit dem Messer an)*. Ja eben – aber mir sind Bedenken gekommen. Hat er nun von oben nach unten gestochen? ... Der Junge ist doch ... 1,70 groß ... und sein Vater 1,83 ... ich hab mir das extra aufgeschrieben.

NR. 10. Was ist der Unterschied?

NR. 2. 13 cm. Fast ein halber Kopf. Das ist schon eine verzwickte Sache. *(Sieht Nr. 3 an und senkt dabei den Arm.)* Kann man jemand von oben erstechen, der einen halben Kopf größer ist als Sie?

NR. 3 *(nimmt ihm das Messer fort)*. Was ist da so verzwickt?

Damit Sie beruhigt sind, werde ich es Ihnen vormachen. Ich bitte um ein Versuchskaninchen.

(Er blickt langsam um den Tisch und fixiert Nr. 8, der sich erhebt. Nr. 3 steht ebenfalls auf und kommt auf ihn zu. Alle anderen drehen sich nach den beiden um, die einige Sekunden Blick in Blick stehen. Sie sind etwa gleich groß. Dann lässt Nr. 3 das Messer zuschnappen und steckt es in seine Rocktasche. Schweigen.)

NR. 3 *(über die Schulter, zu Nr. 2)*. Schauen Sie genau hin! Ich mache es nicht zweimal. *(Wendet sich zu Nr. 8, leise.)* Ich bin jetzt einen halben Kopf kleiner als Sie. *(Duckt sich.)* So richtig?

NR. 2. Ja, vielleicht noch ein bisschen tiefer … *(Steht dabei auf, um besser sehen zu können.)*

NR. 3. Noch ein bisschen tiefer. Was tue ich nicht für Sie? *(Er holt das Messer aus seiner Tasche, lässt es aufschnappen und hebt langsam seinen Arm, wie wenn er Nr. 8 von oben niederstechen wolle. Ein paar Sekunden messen sich beide. Dann zuckt das Messer herunter und bleibt dicht über der Brust von Nr. 8 stehen, der keine Miene verzieht.)*

NR. 2 *(tief erschrocken)*. Um Gottes willen, Vorsicht!

NR. 11 *(springt erregt auf)*. Mit so was spaßt man nicht!

NR. 6 *(fast gleichzeitig)*. Das geht zu weit.

NR. 3 *(wendet lächelnd den Kopf)*. Keine Angst. Niemand ist ein Härchen gekrümmt worden. *(Zu Nr. 8.)* Oder?

NR. 8 *(mit unbewegtem Gesicht)*. Nein. Lassen Sie sich nicht stören.

NR. 3 *(erwidert herausfordernd seinen Blick. Er zielt immer noch auf die Brust von Nr. 8 und sieht sich dann, hinterhältig lächelnd, nach den wie versteinert dasitzenden Ge-*

schworenen um). Da haben Sie Ihren Stich – von oben nach unten. Kommen Sie ruhig näher.

(Einige treten zaghaft an die beiden heran. Nr. 3 richtet sich langsam wieder auf, bis er in gleicher Höhe mit Nr. 8 steht.)

So hätte ich einen Mann erstochen, der einen halben Kopf größer ist als ich. *(Lässt das Messer zuschnappen und hält es den anderen hin.)* Und genau so hat es der Junge gemacht. Wenn Sie es besser wissen, bitte …

(Die Geschworenen starren das Messer an, aber niemand rührt sich. Nr. 5 schiebt sich plötzlich vor.)

NR. 5. Eine Sekunde. Geben Sie mal her.

(Nr. 3 gibt ihm das Messer. Nr. 5 betrachtet es einen Moment, wie von einer längst verschütteten Erinnerung gequält. Sehr leise.)

Ich hasse diese Dinger …

NR. 8. Haben Sie jemals eine Messerstecherei mit angesehen?

NR. 5 *(starrt noch immer das Messer an).* Nein … *(Dann blickt er zu Nr. 8 auf.)* Doch – ich habe. *(Wie zu sich selbst.)* Auf der Straße vor dem Haus … im Hinterhof … auf dem Bauplatz gegenüber … *(Wischt sich über die Augen, als ob er etwas verscheuchen wolle.)* Nur zu oft … in der Gegend, wo ich aufgewachsen bin, wusste man damit umzugehen. Komisch, vorhin wollte ich nicht mehr dran denken. Man vergisst das besser.

NR. 8 *(nach einer Pause behutsam).* Und wie handhabt man so ein Messer?

NR. 5 *(sieht Nr. 3 an).* Auf keinen Fall – so! Das würde viel zu viel Zeit brauchen. So – *(Er lässt das Messer aufschnappen, hält es, den Handrücken nach unten, und stößt es blitzschnell aufwärts.)* Keiner, der jemals so ein Ding in der Hand gehabt hat, würde von oben nach unten stechen. Das macht nur ein Anfänger.

NR. 8. Sind Sie sicher?

NR. 5. Ganz sicher. – *(Lässt das Messer wieder zuschnappen.)* Darum sind sie ja so gemacht.

NR. 7. Ein Messerstecher als Geschworener. Man wird noch von uns sprechen.

NR. 8. Jemand sagte doch vorhin *(zu Nr. 7)* – waren Sie es nicht? – der Junge kannte sich aus mit Messern. Er ist sozusagen mit ihnen aufgewachsen. Er wurde deshalb in eine Besserungsanstalt geschickt, nicht wahr?
(Nr. 7 nickt. Zu Nr. 5.)
Lässt der Einstichkanal der Wunde den Schluss zu, dass er seinen Vater getötet hat?

NR. 5 *(schüttelt den Kopf)*. Wenn einer wirklich Bescheid wusste mit diesen Dingern – ausgeschlossen! *(Er wirft das Messer auf den Tisch zurück.)*

NR. 3. So! Sie haben anscheinend dabeigestanden, wie sein Vater erstochen wurde!?

NR. 5. Wer hat dabeigestanden? – Niemand.

NR. 3 *(zu Nr. 8)*. Und wenn Sie platzen, ich gehe nicht in die Knie.

NR. 4 *(beruhigend)*. Der Einstichkanal spielt nun wirklich keine Rolle. Auch einem geübten Messerstecher kann ein Malheur passieren. Vielleicht ist ihm die Hand ausgerutscht. Entscheidend ist der letale Ausgang der Sache. *(Zu Nr. 5.)* Mich überzeugt Ihre These nicht.

NR. 8 *(zu Nr. 12)*. Überzeugt es Sie auch nicht?

NR. 12 *(leicht groggy)*. Ja – es hat was für sich.

NR. 3. Was? Fallen Sie auch noch um?

NR. 8 *(geht auf Nr. 7 zu)*. Und Sie?

NR. 7 *(gewunden)*. These – letaler Ausgang – da soll sich ein Mensch noch auskennen.

NR. 4 *(rückt nervös an seiner Brille)*. Über der ganzen Messerstecherei haben Sie völlig die Frau auf der anderen Straßenseite eliminiert –

NR. 7 *(unterbrechend)*. Eliminiert! Ich weiß nicht, was das wieder bedeutet, aber Sie haben auf jeden Fall recht. Ich mache den Schirm zu, pinkle auf den Regen und haue ab. – Herr Obmann: 7 : 6 für »nicht schuldig«.

NR. 3. Soll das heißen …?

NR. 7. Bruder, ich bin ein Sportsmann. Man muss mit Anstand verlieren können.

NR. 3. Mit Anstand?! Sie kneifen.

NR. 7. Kneife ich eben! Ich mache mir das Leben nicht so sauer wie Sie, mein Herr! Mamma mia!

NR. 11 *(kommt in tiefer Empörung Nr. 3 zu Hilfe)*. Er hat recht! Was fällt Ihnen ein, hier von Anstand zu reden! Was sind Sie eigentlich für ein Mensch? Sie haben eben noch mit den andern »schuldig« gestimmt, nur damit Sie schneller zu Ihrem Baseballmatch kommen. Wenn das sportlich ist, dann ist Ihr Sport ein Verbrechen!

NR. 7. Freundchen, ich kann verflucht eklig werden –

NR. 11 *(überfährt ihn)*. Ein Menschenleben ist kein Baseball, verstehen Sie mich?! Damit zu spielen, ist ein Verbrechen!

NR. 7 *(hebt die Hände)*. Hallo, so können Sie nicht mit mir reden, mir ist alles scheißegal, verstehen Sie mich?!

NR. 11. Ich kann noch ganz anders mit Ihnen reden! Wenn Sie »nicht schuldig« stimmen wollen, müssen Sie von der Unschuld des Jungen überzeugt sein … nicht weil es

Ihnen scheißegal ist … das verstehe ich unter Anstand! Oder haben Sie kein Gewissen?

NR. 7. Nu mal sachte …

NR. 11. Schuldig oder nicht schuldig?

NR. 7. Ich hab es Ihnen ja schon gesagt … nicht … schuldig …

NR. 11. Warum?

NR. 7. Weil … *(Achselzuckend.)* Ich muss ja nicht …

NR. 11. Sie *müssen*! – Heraus mit der Sprache!

NR. 7 *(vermeidet seinen Blick)*. Ich werde mich hüten … er ist eben nicht schuldig … Herrgott, ich glaube es …

(Nr. 11 wendet sich angewidert von ihm ab und nimmt wieder Platz.)

NR. 8. Ich bitte um eine neue Abstimmung.

(Stille.)

OBMANN *(nun schon routinemäßig herunterleiernd)*. Der Herr beantragt eine neue Abstimmung. Irgendein Einwand? Keiner. Bitte die Hand zu heben. »Nicht schuldig«?

(Die Hände von Nr. 2, Nr. 5, Nr. 6, Nr. 7 gehen hoch.)

OBMANN (zählt mit). Eins – zwei – drei – vier –

(Es folgen die Hände von Nr. 8, Nr. 9 und Nr. 11.)

… fünf – sechs – sieben –

(Langsam schließt sich auch Nr. 12 an.)

… acht – *(hebt seine eigne Hand)* neun. – Gegenprobe?

(Nr. 3, Nr. 4 und Nr. 10 heben die Hände.)

Drei. – 9 : 3 für Freispruch.

NR. 10 *(erbittert)*. Drei Standhafte gegen eine Meute von Wortklaubern! Sie wollen uns ins Bockshorn jagen. Vor dem Kino geht das Messer verloren, nach dem Kino geht das Gedächtnis verloren, und während des Kinos sticht ein Wildfremder den Vater tot. – Und wir sollen den ganzen Schwindel fressen! *(Schnaubt kräftig in sein Taschentuch.)* Wenn hier einer schwindelt, dann der Bursche! Dem steckt es im Blut! Aber die Herren wollen es nicht wahrhaben. Ich frage Sie, was ist dann Wahrheit?! *(Zu Nr. 8.)* Vielleicht ein Furz, den irgendein Gehirn fahren lässt?

(Nr. 5 steht auf und geht in den Waschraum.)

Nein, diese Gesellen brauchen keinen Extragrund, um jemand kaltzumachen. Denen reicht ein winziger Anlass. Zum Beispiel: sie sind besoffen, das sind sowieso alles Säufer und Schläger, und bums, plötzlich liegt einer von ihnen im Rinnstein. Tot? Vielleicht. Soll man ihnen deshalb Vorwürfe machen? So sind sie eben!

(Nr. 9 steht auf und geht zum Water Cooler. Nr. 10 brüllt ihm nach.)

Wilde Tiere! Was bedeutet denen ein Menschenleben? Die sind nicht so zartbesaitet wie wir.

(Nr. 11 entfernt sich zum Fenster.)

Hä, wohin?

(Er steht selbst auf und beginnt einen Rundgang um den Tisch.)

Verstehen Sie mich doch, Saufen und Raufen, das ist ihr Zeitvertreib, und wenn einer hopsgeht, dann geht er eben hops! Das stört die nicht! Oh, natürlich, es gibt auch ein paar Ausnahmen. Ich bin der Letzte, der das leugnet.

(Nr. 8 geht zum Water Cooler, Nr. 2 zum Garderobenbrett.)

Aber die meisten haben keine Gefühle. Denen ist alles zuzutrauen! *(Immer verwirrter durch den sich leerenden Tisch.)* Was ist denn los?

(Nr. 6 geht zum Fenster.)

NR. 10 *(schreit förmlich).* Ich will euch ja nur erklären, dass ihr einen Riesenblödsinn begeht! Ihr alle miteinander! Dieser Bursche ist ein Lügner! Ich weiß es! Ich weiß alles von denen!

(Der Obmann drückt sich zum Water Cooler.)

Ja, was ist eigentlich in euch gefahren, Leute? Ich rede mir den Mund fusselig, und Sie – Hören Sie mich doch an, meine Herren! Die sind Dreck! Alles Ausländer und Sozialisten! Da ist nicht ein Einziger, der nicht Dreck wäre!

(Nr. 7 dreht seinen Stuhl herum. Nr. 12 geht in den Waschraum.)

NR. 10 *(blickt sich verstört um).* Ihr seid mir eine feine Gesellschaft! Reißt eure Augen auf, sonst habt ihr morgen ein Messer zwischen den Rippen!

(Nr. 4 erhebt sich als Vorletzter, nimmt sein Jackett von der Stuhllehne und zieht es an.)

Sechs Tage lang habt ihr diesen Burschen auf der Anklagebank sitzen sehen, hat euch sein Gesicht nicht erschreckt – kennt ihr ihn nicht, den Typ …

(Er muss Luft holen und starrt auf Nr. 3, der als Einziger am Tisch sitzen geblieben ist und fahrig mit dem Messer spielt.)

Seid ihr wirklich blind? Hört mir endlich zu! Ich warne euch zum letzten Mal! Hier ist eine Gefahr für uns alle! Das Gesindel kennt keine Gnade! *(Hysterisch.)* Ihr sollt mir zuhören!!!

(Alle haben sich von ihm abgewendet, bis auf Nr. 3, der das Messer fallen lässt und auf den Tisch stiert. Nr. 4 knöpft seinen Rock zu und dreht sich dabei langsam nach Nr. 10 um, der flehend auf ihn zugeht.)

Sagen Sie ihnen doch, dass sie mir zuhören sollen!
(Dann verstummt er jäh. Nur der Regen bleibt.)

NR. 4 *(eiskalt)*. Wenn Sie noch einmal Ihren Mund aufmachen, dann schlage ich Ihnen die Zähne ein. *(Blickt geringschätzig Nr. 10 an und kehrt ihm den Rücken.)*

NR. 10 *(sinkt erschöpft auf einen Stuhl)*. Ja, wenn Sie mich auch nicht verstehen …
(Langes, starres Schweigen. Dann kommen Nr. 5 und Nr. 12 aus dem Waschraum zurück und setzen sich. Nr. 8, einen Pappbecher in der Hand, nähert sich langsam Nr. 10 und stellt den Becher neben ihn auf den Tisch.)

NR. 8. Ich verstehe, dass es nicht leicht ist, sich in einem solchen Fall von persönlichen Vorurteilen frei zu machen. Vorurteile spielen einem immer einen bösen Streich – und sie verdunkeln leider die Wahrheit.
(Nr. 11 und Nr. 2 nehmen ihre Plätze ein.)

NR. 8 *(fährt leise fort)*. Immerhin ist noch kein wirklicher Schaden entstanden.
(Nr. 9 setzt sich still.)
Weil wir nicht mit Gewissheit sagen können, was hier Wahrheit ist. Ich weiß es nicht, und vermutlich wird es niemand jemals erfahren. Neun von uns scheinen jedoch zu fühlen, dass der Angeklagte unschuldig ist.
(Nr. 6 kehrt zu seinem Stuhl zurück.)
Wir können uns nur an Wahrscheinlichkeiten halten. Eine sehr zweischneidige Sache. Wir könnten unrecht haben.
(Der Obmann setzt sich.)

NR. 8 *(mustert Nr. 4)*. Es ist möglich, dass wir einen Verbrecher in die Gemeinschaft zurückführen. Wer will dafür garantieren? Aber wir haben einen begründeten Zweifel, und darin liegt eine unschätzbare Sicherheit für unser ganzes System. Verstehen Sie, was das heißt? Wir *dürfen* zweifeln. Unsere Freiheit beruht darauf. Kein Geschworener in diesem Lande darf einen Menschen für schuldig erklären, wenn er nicht sicher ist. – Wir neun begreifen einfach nicht, wie Sie drei so sicher sein können. – Wollen Sie uns das nicht erklären?

NR. 4 *(setzt sich)*. Ich will es versuchen.

NR. 7 *(zu Nr. 10, der auf seinem Stuhl sitzt)*. Das ist mein Platz.

(Nr. 10 streift ihn mit einem müden Blick und begibt sich wortlos zu seinem Stuhl.)

NR. 4. Ich glaube immer noch, dass der Junge schuldig ist. Ich habe zwei Gründe. Einmal die vernichtende Aussage der Frau auf der anderen Straßenseite. Sie hat den Mord mit eignen Augen gesehen.

NR. 3. Eben, und was mich betrifft, so ist das die entscheidende Aussage überhaupt.

NR. 4. Und die zweite unumstößliche Tatsache. Die Frau hat uns den Hergang des Mordes minuziös beschrieben. Sie hat genau beobachtet, wie der Junge das Messer *von oben* seinem Vater in die Brust stieß – *(sarkastisch zu Nr. 5)* selbst wenn das ein Kunstfehler sein sollte.

NR. 3. Richtig! Absolut richtig!

(Nr. 8 hört scharf zu. Man spürt, dass ihn die folgende Schilderung zunächst entwaffnet.)

NR. 4. Wir wollen uns diese Frau etwas näher unter die Lupe nehmen. Sie sagte, dass sie etwa eine Stunde vor Mitternacht zu Bett gegangen sei. Ihr Bett stand dicht am Fenster, und sie konnte vom Bett aus direkt in das Fenster des Jungen auf der anderen Straßenseite hineinsehen. Sie konnte nicht einschlafen und wälzte sich über eine Stunde herum. Schließlich – ungefähr zehn Minuten nach Mitternacht – hörte sie das Rattern des Hochbahnzuges und drehte sich gegen die Fensterseite. Der Zug war leer und ohne Licht. So hatte sie durch die Wagenfenster eine ausreichende Sicht nach der anderen Straßenseite. – Und plötzlich sieht sie, wie drüben, in dem erleuchteten Zimmer, der Junge den Arm hebt und einen blitzenden Gegenstand auf seinen Vater niedersausen lässt. *(Er schmettert, den Vorgang gleichsam illustrierend, die erhobene Faust auf die Tischplatte.)* Diese Aussage ist nicht zu erschüttern – soweit ich das beurteilen kann.

NR. 3. Kein Zweifel, so war es! *(Zu Nr. 4.)* Sie haben das schlagend bewiesen.

(Nr. 4 nimmt seine Brille ab und beginnt sie zu putzen. Alle sitzen schweigend da und sehen ihm zu.)

NR. 4 *(zu Nr. 8)*. Zweifeln Sie?

(Nr. 8 schüttelt abwesend den Kopf. – Zu Nr. 12.)

Und Sie?

NR. 12 *(gewunden)*. Ja, ich weiß noch nicht ... eine Aussage jagt die andere ... das wird immer verworrener –

NR. 4. Dann begreife ich offen gestanden nicht, wie Sie für Freispruch plädieren konnten.

NR. 12. Wer soll sich in diesem Labyrinth noch zurechtfinden? Viel Geschrei und wenig Wolle! An wen soll man sich halten?

NR. 3. An die Frau natürlich! Sie hat ihn auf frischer Tat ertappt. Alle andern Aussagen können Sie getrost in den Müllschlucker schmeißen!

NR. 12 *(schwankend)*. Vielleicht schon –

NR. 3. Daraufhin wollen wir abstimmen.

OBMANN. Bitte, eine neue Abstimmung. Irgendein Einwand?

NR. 12 *(unvermittelt)*. Ich ändere mein Votum. Er ist doch schuldig.

NR. 3 *(steht auf)*. Und wer schließt sich an?
(Blickt sich triumphierend um. Die anderen verharren in ihrem abwartenden Schweigen.)
Wir stehen 8 : 4.

NR. 11 *(nach einer Pause)*. Ist diese eine Stimme – so ein Triumph für Sie?

NR. 3. Erraten. – Wir sind auf dem toten Punkt, sollen sich andere die Köpfe zerbrechen, wir können den Richter verständigen. *(Undurchdringliches Schweigen.)* Ich warte auf ein Gegenargument. Ich stelle fest, dass wir auf dem toten Punkt sind. *(Zu Nr. 8.)* Sie haben uns das eingebrockt. Nun machen Sie gefälligst den Mund auf!

NR. 8 *(ruhig)*. Dann müssen wir eben von vorn anfangen.

NR. 3 *(aufbrausend)*. Wir haben von vorn angefangen. *(Zeigt auf Nr. 12.)* Über einen reuigen Sünder wird bekanntlich im Himmel mehr Freude sein als über hundert Gerechte. Steht schon in der Bibel!

NR. 4 *(streng zu Nr. 3)*. Das ist kein Grund, sich schlecht zu benehmen.

NR. 3 *(murrend)*. Sind Sie Puritaner?

NR. 4. Nein, Methodist. *(Zu den anderen.)* Vielleicht können wir uns auf eine letzte Frist einigen?

NR. 7. Noch eine Runde! Wer gibt?

NR. 4 *(verweist es ihm kopfschüttelnd und blickt zur Uhr)*. Es ist jetzt *(er fährt sich über die Augen)* – Viertel nach sechs.

NR. 7. Genau achtzehn nach sechs. Wir wollen minuziös sein.

NR. 4. Vorhin hat jemand sieben Uhr gesagt. *(Er greift sich mit zwei Fingern in die Augenwinkel und reibt sich die Nasenwurzel.)* Ich glaube, bis dahin sollten wir uns schlüssig werden, ob wir auf dem toten Punkt sind oder –

NR. 9 *(der ihn forschend beobachtet hat, beugt sich plötzlich erregt vor)*. Fühlen Sie sich nicht ganz wohl?

NR. 4. Ich? – Warum soll ich mich nicht wohl fühlen? *(Setzt die Brille wieder auf.)* Oder sind Sie mit sieben Uhr nicht einverstanden?

NR. 9. Doch, doch. Ich fragte nur, weil Sie sich eben Ihre Nasenwurzel gerieben haben, als –

NR. 4 *(starrt ihn unwillig an)*. Deshalb brauchen Sie mich nicht zu unterbrechen.

NR. 9. Entschuldigen Sie, aber Sie machten eine Bewegung, die mich an etwas –

NR. 4 *(fällt ihm schroff ins Wort)*. Ich bemühe mich, eine Lösung zu finden, und Sie treiben physiognomische Studien.

NR. 9. Nein, Sie missverstehen mich, aber Sie haben mich auf etwas Wichtiges gebracht.

NR. 4 *(lehnt sich resigniert zurück)*. Also bitte, dann sprechen *Sie*!

NR. 9 *(bescheiden)*. Danke. Ich bin sicher, dass Sie mir verzeihen werden, aber – *(blickt sich unter den anderen um, dann wieder zu Nr. 4)* es interessiert mich, warum Sie Ihre Nasenwurzel gerieben haben.

NR. 3. Seien Sie nicht albern, ja!? In Ihrem Alter –

NR. 9 *(scharf)*. Ich spreche jetzt mit dem Herrn, nicht mit Ihnen. *(Zu Nr. 4.)* Warum haben Sie zweimal *so* gemacht …? *(Er fasst sich mit Daumen und Zeigefinger in die Augenwinkel und reibt sie.)*

NR. 4 *(ironisch)*. Wenn Ihnen die Erklärung genügt – es hat mich gejuckt.
(Einige lachen.)

NR. 9. Nicht weil Sie die Brille gedrückt hat? Verzeihen Sie.

NR. 4. Jaah, sie hat mich gedrückt! – Können wir uns jetzt vielleicht mit etwas anderem befassen?

NR. 9 *(ist aufgestanden und nähert sich Nr. 4)*. Ihre Brille hinterlässt die tiefen Rillen an der Nasenwurzel, nicht wahr? Das ist mir vorhin erst aufgefallen. *(Nachdenklich.)* Es muss sehr lästig sein.

NR. 4 *(gereizt)*. Nicht so lästig wie Ihre Fragerei.

NR. 9. Sie müssen mir das nachsehen. Ich habe nie eine Brille getragen. Meine Augen sind Gott sei Dank noch gut.

NR. 7. Jetzt lassen Sie uns schon in Ruhe mit dem Optikerkram!

NR. 9 *(streift ihn mit einem verächtlichen Seitenblick)*. Ihre Konstitution ist beneidenswert, mein Junge.

NR. 7. Meine – was? Erlauben Sie mal …!

NR. 9 *(wendet sich wieder zu Nr. 4)*. Die Zeugin, die den Mord gesehen haben will, hatte auch diese Rillen.
(NR. 4 *stutzt. Allgemeines Erstaunen, dann Unruhe.)*
Bitte, ich bin noch nicht fertig. *(Die Unruhe hält an.)* Bitte! *(Es tritt allmählich Stille ein.)* Ich will Sie nicht lange auf die Folter spannen. Ich weiß nicht, ob ein anderer das auch bemerkt hat. Während der Verhandlung habe ich selbst kaum darauf geachtet. Aber jetzt plötzlich – sehe ich sie wieder vor mir. *(Zu Nr. 4.)* Nehmen Sie doch noch mal die Brille ab. Bitte, zu meiner Beruhigung. *(Nr. 4 tut*

es unwillig.) Danke. Genau die gleichen Rillen. Während des Verhörs hat sie sich ständig die Nasenwurzel gerieben.

NR. 5. Ja – jetzt, wo Sie das sagen …

NR. 7. Na, wenn schon! Es hat sie eben auch gejuckt!

NR. 9. Was schätzen Sie, wie alt kann die Frau gewesen sein?

NR. 6. Gut an die fünfzig.

NR. 9 *(liebenswürdig)*. Sagen wir, eine gute Vierzigerin. Es war beinahe rührend, wie sie sich angestrengt hatte, höchstens wie Mitte dreißig auszusehen. Es war ja auch gewissermaßen ihr erstes öffentliches Auftreten. – Haben Sie nicht die dicke Schminke gesehen? Das Haar war frisch gefärbt – und das Fähnchen funkelnagelneu. Allerdings hätte es besser zu einem jungen Mädchen gepasst. Sie trug keine Brille. Natürlich nicht. Wer kann ihr das übelnehmen? – Nun schauen Sie aber mal hinter das Make-up. Ich weiß, es ist nicht sehr höflich einer Frau gegenüber.

NR. 3 *(heftig)*. Es geht hier nicht um Höflichkeit, sondern um Beweise! Wer sagt Ihnen überhaupt, dass sie sonst eine Brille trägt?! Nur weil sie sich die ›Nasenwurzel‹ gerieben hat –

NR. 5. Aber sie hatte Rillen! Ich habe es gesehen.

NR. 3. Dann hatte sie Rillen! Andere haben auch welche, sogar im Gehirn!

NR. 6 *(aufspringend, zu Nr. 3)*. Ich werde noch krank von Ihrem ewigen Gebrüll!

NR. 5 *(drückt ihn auf den Sitz nieder)*. Lassen Sie ihn stänkern.

OBMANN *(steht auf)*. Ich muss gestehen, ich habe es auch

gesehen. Er hat recht. Ich habe ihr am nächsten gesessen. Sie hatte diese … na, diese Dinger da …

NR. 3 *(ihn nachäffend).* Diese Dinger da …! Warum das Geschiss? Sie hatte gefärbte Haare und Rillen an der Nase! Wollen Sie sie bis aufs Hemd ausziehen?

NR. 9 *(ruhig).* Könnten solche Rillen von etwas anderem kommen als von einer Brille?

NR. 4 *(nach einer Pause).* Ich glaube kaum.

NR. 3 *(beschwörend zu Nr. 4).* Schließen Sie nicht von sich auf andere! *Ich* habe keine Rillen gesehen!

NR. 4. Aber ich. Merkwürdig, dass mir das völlig entfallen war … *(Stille.)*

NR. 6. Mir geht's genauso. Ich dachte noch, das sieht aber hässlich aus.

NR. 3. Und der Verteidiger? Stellen Sie doch den Mann nicht als einen kompletten Idioten hin! Warum ist dem das entgangen? Er hat doch auch Augen im Kopf.

NR. 8. Hier haben sich zwölf Mann mit dem Fall befasst. Woran elf von uns nicht gedacht haben, kann man auch einem Verteidiger nicht zur Last legen.

NR. 3. Und was ist mit dem Staatsanwalt? War es am Ende nur ein Trick von ihm, dass er die Frau ohne Brille aussagen ließ?

NR. 8. Kennen Sie zufällig eine Frau, die eine Brille tragen müsste und es aus Eitelkeit unterlässt?

NR. 6. Meine Frau. Sobald wir das Haus verlassen – und dabei rennt sie ins nächste Auto rein.

NR. 8. Und Sie lassen das zu?

NR. 6. Ich will sie doch nicht kränken.

NR. 8 *(zu Nr. 3).* Sehen Sie, vielleicht war der Staatsanwalt auch ein Kavalier.

NR. 3 *(in grimmigem Sarkasmus).* Sie haben wieder mal recht! Sie *hatte* Rillen an der Nase, sie *trug* eine Brille –

NR. 7. Meine Großmutter auch.

NR. 3. Aber sie trug sie nie außer Haus, damit die Leute hinter ihr her flüstern: »Gott, was für ein flotter Käfer!« Aber als sie sah, wie der Bursche seinen Vater ins bessere Jenseits beförderte, da befand sie sich in ihren vier Wänden. *Allein. – (Setzt sich.)* Ist das klar?

NR. 8 *(zu Nr. 4).* Behalten Sie Ihre Brille auf, wenn Sie zu Bett gehen?

NR. 4. Nein, welcher Mensch schläft mit einer Brille?

(Sie schweigen alle. Man hört nur den Regen.)

NR. 8. Dann darf ich wohl annehmen, dass auch die Frau keine aufhatte, als sie im Bett lag.

NR. 3. Sie waren doch nicht dabei.

NR. 8. Nein, ich vermute es nur. Ich vermute auch, dass sie nicht nach der Brille gegriffen hat, als sie sich nach dem vorbeifahrenden Zug umdrehte. Denn im gleichen Augenblick passierte der Mord. Sie wird kaum Zeit gehabt haben, erst noch die Brille aufzusetzen.

NR. 3. Alles Vermutungen!

NR. 8. Und noch eine Vermutung. Ich billige ihr sogar den guten Glauben zu, dass sie gesehen hat, wie der Junge seinen Vater umbrachte. In ihrer Einbildung nämlich. In der Wirklichkeit – niemals! Was sie gesehen hat, waren nur verschwommene Gestalten. Schatten, keine Gesichter. Schatten.

NR. 3. Schatten! *(Wendet sich zu den anderen.)* Ich möchte wissen, wer sich hier mehr einbildet, die Frau oder er? Er vermutet nur, aber er weiß alles genau. *(Zu Nr. 8.)* Haben Sie den sechsten Sinn oder was Ähnliches? Sie wissen ja nicht einmal, was ihre Brille für Gläser hatte. Vielleicht war die Frau weitsichtig, vielleicht trug sie eine Sonnenbrille. Eitle Frauen verstecken sich gern hinter Sonnenbrillen. – Woher ist er allwissend, sagen Sie mir das!? *(Sieht sich um, bekommt aber keine Antwort.)*

NR. 8. Ich weiß lediglich, dass wir jetzt über die Sehkraft der Frau sprechen.

NR. 3. Sehkraft! Was heißt das?

NR. 11. Das heißt, dass sie das Gesicht des Jungen auf eine Entfernung von etwa 30 Metern erkennen konnte … ohne Brille … und bei Nacht … So sehen Ihre Beweise aus.

NR. 2. Das langt nicht für den elektrischen Stuhl.

NR. 3 *(zwischen den Zähnen)*. Meinen Sie?

NR. 8. Glauben Sie nicht, dass die Frau sich getäuscht haben könnte?

NR. 3 *(schreiend)*. Nein!!!

NR. 8. Ist es nicht möglich?

NR. 3. Nein! Es ist nicht möglich!

NR. 8 *(zu Nr. 12)*. Ist es möglich?

NR. 12 *(beschämt)*. Ja.

NR. 11. Wie oft haben Sie jetzt Ihre Meinung gewechselt?

NR. 12 *(grinsend)*. Nur dreimal. Aller guten Dinge sind drei.

NR. 8 *(zu Nr. 10, abtastend)*. Und Sie? Halten Sie Ihren Schuldspruch aufrecht?

(Nr. 10 schüttelt nur müde den Kopf. Er ist restlos ausgepumpt.)

NR. 3 *(schlägt mit der Faust auf den Tisch)*. Ich bleibe bei meiner Überzeugung.

NR. 4 *(sehr langsam)*. Ich nicht.

NR. 3. Was fällt Ihnen ein! Sie können jetzt nicht umfallen! Ein Schuldiger wird frei durch unsere Straßen laufen. Ein gemeiner Mörder! Er wird Sie hinterrücks überfallen, wenn Sie von der Börse kommen, mit voller Brieftasche! *(Deutet zu Nr. 10 hinüber.)* Er hat es uns erklärt, aber er ist eine Maulhure! – *(Zu Nr. 4.)* Wollen Sie das riskieren? Er muss sterben! Sie dürfen mich nicht im Stich lassen!

NR. 4. Bedaure, ich habe einen begründeten Zweifel.

NR. 3. Auf einmal?

NR. 4. Auf einmal.

NR. 9 *(triumphierend)*. 11 : 1.

NR. 3 *(starrt einen Moment fassungslos auf die schweigenden Elf, verzweifelt beherrscht)*. Und die anderen Aussagen – sind die auf einmal nichts? Das Messer … und der ganze Schwindel …

NR. 2. Die können wir in den Müllschlucker schmeißen – sagten Sie doch selbst.

NR. 8 *(zu Nr. 3)*. Sie stehen allein.

NR. 3 *(springt auf)*. Und wenn ich allein stehe! Es ist mir piepe, ob ich allein stehe oder nicht! Es ist mein Recht! *(Schweigen.)*

NR. 8. Es ist Ihr Recht.

(Schweigen. Alle starren Nr. 3 an.)

NR. 3. Ja, glotzt mich nur an! Bin ich ein Wundertier? Jetzt werde ich mit euch abrechnen, *ich*! Er ist schuldig, schuldig, schuldig …!

NR. 8. Dann geben Sie uns Ihre Argumente.

NR. 3. Die hab ich Ihnen längst gegeben! Aber Sie sind taub!

NR. 8. Wir sind nicht überzeugt.

NR. 3. Weil Sie recht behalten wollen.

NR. 8. Ich will nicht unrecht behalten. Das ist ein Unterschied. Wir hören Ihre Argumente gern noch einmal an. Wir haben Zeit.

NR. 7. Mamma mia!

NR. 4 *(sieht zur Uhr)*. Noch eine halbe Stunde.

NR. 3 *(steigert sich in besinnungslose Ekstase)*. Um euch zu überzeugen, brauchte es ein ganzes Leben, und nicht mal das würde reichen! Alles – jeder einzelne Punkt, der in diesem Verfahren vorgebracht wurde, alles, alles spricht ihn schuldig. Glauben Sie, ich bin ein Dummkopf? Meinetwegen! Aber dann glauben Sie wenigstens dem alten Mann in der unteren Wohnung … der hat alles gehört … und das Messer, ist das ein Dreck? *(Gegen Nr. 8.)* Bloß weil er auch so eins aufgetrieben hat! Der alte Mann hat ihn gesehen. Er hat den Jungen flüchten sehen – durchs Treppenhaus. Vielleicht gibt's gar kein Treppenhaus! Und was zählen schon die Sekunden, die er dazu brauchte? Einen Dreck zählen sie! Ihr könnt nicht beweisen, dass er nicht bis zur Tür gekommen ist – aber das Messer, das durch ein Loch in der Tasche fiel, darauf fallt ihr rein! Und die andern Punkte? Ihr könnt hier so lange im Zimmer rumhumpeln, bis ihr genug habt! Aber Beweise – Beweise, die sehen anders aus! Und dann der Bluff mit der Hochbahn und der Kintopp – das ist der größte Zirkus, den ich jemals erlebt habe! *(Er zieht seine Brieftasche.)* Hier, ich wette mit euch um fünfhundert Dollars, *ich* hätte mich an die Filme erinnert, wenn ich in der gleichen Nacht meinen Vater umgebracht hätte! Aber man hat verdreht und verdreht, bis das Gegenteil richtig war. Punkt für Punkt! Und die Brille – lächerlich! Die Frau hat dem Gericht den Mord geschildert. Ob sie ihn mit oder ohne Brille gesehen hat, kein Mensch weiß das! Aber Mord bleibt Mord. Der alte Mann hat den Burschen schreien hören –

(zu Nr. 8) und das war kein Spaß! Das sind Tatsachen, und das sind meine Argumente! Was sagt ihr jetzt, ihr Schlappschwänze!

(Er atmet schwer und blickt sich drohend um. Niemand rührt sich.)

Was wollt ihr denn noch? So ist es! Das ist der ganze Fall!

(Er schleudert die Brieftasche auf den Tisch. Die Fotografie rutscht ein Stück heraus. In hysterischem Aufschrei.)

Habt ihr die Sprache verloren?! Ihr sollt reden! Sagt endlich was! Oder bluten eure Herzen zu sehr über diesen lausigen Strolch?!

(Alle beobachten ihn fast ein wenig mitleidig. Aber ihr Schweigen wird immer beklemmender. Nr. 3 ringt nach Atem.)

Ihr kriegt mich nicht unter! ... Ich habe ein Recht auf meine Meinung ... wir sind alle gleich geboren ... ich sage euch – er ist ein ganz verkommenes Subjekt ... er ist ...

(Sein Blick haftet plötzlich an dem Messer, das auf dem Tisch liegt. Er greift danach, lässt es aufschnappen und hebt es drohend über den Kopf.)

So hat er mich erstechen wollen. Von oben! Wäre ich ihm nicht in letzter Sekunde in den Arm gefallen, hätte er mich kaltblütig fertiggemacht. Oder zweifeln Sie daran?

(Der Regen hat aufgehört. Man könnte eine Nadel zu Boden fallen hören. Nr. 8 nimmt ruhig die Fotografie vom Tisch. Nr. 3 reißt sie ihm aus der Hand und betrachtet sie mit verzerrtem Gesicht.)

Dann ist er davongelaufen, der Lump. Ich habe ihn zwei

Jahre nicht mehr gesehen. Er soll verrecken, wie er's verdient hat! Er soll mir nie wieder unter die Augen kommen!

(Dabei zerreißt er die Fotografie in kleine Fetzen. Dann sackt sein Oberkörper auf die Tischplatte, von lautlosem Schluchzen geschüttelt. Fast tonlos entringt es sich ihm.)

Nicht schuldig – – –

(Alle starren ihn wie gelähmt an. Es herrscht Totenstille. Nr. 5 entleert seine Pfeife in den überfüllten Aschenbecher. Endlich steht der Obmann auf und klopft an die Tür. Der Gerichtsdiener öffnet.)

OBMANN. Wir wollen dem Gericht unsere Entscheidung mitteilen. *(Dreht sich um.)* Irgendein Einwand?

(Die Geschworenen ziehen ihre Jacketts an und folgen dem Obmann durch die Tür, die der Gerichtsdiener aufhält. Nur Nr. 8 und Nr. 3 bleiben am Tisch zurück. Nr. 8 berührt sacht den Arm von Nr. 3, der noch zusammengesunken dasitzt.)

NR. 8. Kommen Sie.

NR. 3 *(hebt abwesend den Kopf)*. Was ist denn …?

(Er stiert ins Leere, steht auf und lässt sich von Nr. 8 in den Rock helfen. Nr. 8 reicht ihm zuletzt die Brieftasche. Nr. 3 steckt sie ein, stockt und zieht das Messer von Nr. 8 heraus.)

NR. 3. Es gehört Ihnen.

NR. 8. Danke. *(Steckt es achtlos in die Tasche und geht auf die jetzt leere Tür zu.)*

NR. 3 *(folgt ihm langsam und verhält kurz vor der Tür)*. Wie heißen Sie …?

NR. 8 *(wendet sich halb)*. Miller.

NR. 3. Walker. Wir werden uns ja nicht wiedersehen.

(Nr. 8 schaltet das elektrische Licht aus. Sie entfernen sich. Das Geschworenenzimmer bleibt einige Sekunden im dämmrigen Schein des anbrechenden Abends.)

Vorhang

Nachwort von Horst Budjuhn

Es waren ihrer Zwölf, aus dem New Yorker Adressbuch zu einem Mordprozess aufgeboten und dazu vergattert, einen Schiedsspruch zu fällen. Guilty or not guilty – that's the question.

Aus diesem scheinbar banalen Vorgang des Gerichtsalltags, made in USA, hat der amerikanische Autor Reginald Rose, selbst einmal als Geschworener in einem solchen Verfahren zitiert, zunächst ein Fernsehspiel gemacht (1954). Gebannt saßen Millionen seiner Landsleute für eine knappe Stunde vor dem Bildschirm, und unversehens sah sich der Einzelne mit sich selbst konfrontiert. Das Pantoffelkino wurde zum Gewissenstest. Da konnte auch Hollywood nicht unbedingt widerstehen. Der große Schauspieler Henry Fonda und Reginald Rose legten gemeinsam ihr Geld in das Produktionsbudget, der Regisseur Sidney Lumet setzte die auf einem wahren Fall basierende Story ins Bild, exzellent und mit authentischen Typen (1957). Fonda selber übernahm die Hauptrolle des bohrenden Zweiflers, seinen Gegenspieler, den rabiaten Neinsager, verkörperte der unvergessene Lee J. Cobb.

Dies die Vorgeschichte. Worin aber besteht das Besondere dieses Falls? Was immer man gegen das angelsächsische Gerichtsverfahren einwenden mag: es scheint mir fortschrittlicher zu sein als das cisatlantische. Zwölf schwitzende Männer, in einem engen Raum zusammengepfercht, in strengster Abgeschlossenheit, sollen einen vermeintlichen Mord klären. Aus vielerlei Motiven machen sie es sich anfangs leicht, aber sie haben nicht mit dem Widerspruch eines Einzelgängers gerechnet. Ohne dass sie sich insgesamt einig sind, darf kein Richter einen Angeklagten auf den elektrischen Stuhl oder lebenslänglich ins Zuchthaus schicken. Hierin liegt die ethische Verpflichtung jener zwölf Geschworenen, die heute und immer Gültigkeit hat: Es ist der »reasonable doubt« – der vernünftige Skrupel, auf dem jede Rechtsordnung in einer wirklich demokratischen Verfassung beruht oder, wie es sein Verfechter im Stück ausdrückt: »Es ist möglich, dass wir einen Verbrecher in die Gemeinschaft zurückführen. Wer will dafür garantieren? Aber wir haben einen begründeten Zweifel, und darin liegt eine unschätzbare Sicherheit für unser ganzes System. Verstehen Sie, was das heißt? Wir *dürfen* zweifeln. Unsere Freiheit beruht darauf.«

Wenn am Ende zwölf bis zur Weißglut zerstrittene Männer sich zu ihrem Grundrecht bekannt haben, *zweifeln* zu dürfen, so ist jeder, der ihrem Gericht beigewohnt hat, mitverstrickt in das Labyrinth irdischer Gerechtigkeit. Ist nun ein Mord geschehen, der keine Sühne findet, weil Elf, mehr oder weniger unsicher geworden, umgefallen sind – hängt Gerechtigkeit von Wetter, Temperament, Stimmungslage, gesellschaftlichen und persönlichen Hassgefühlen des *einzelnen* ab, der da, vermittels des Adressbuchs oder anderer staatlicher Einrichtungen aufgerufen, über Leben oder Tod eines Mitmenschen zu entscheiden hat … dies alles und mehr noch sind Fragen, die sich wie Abgründe zwischen den zwölf Männern auftun, und sie werden, mit voller Absicht und lediglich im Nachdenken provozierend, *keiner* Lösung zugeführt, dem Zweifel jede Freiheit einräumend, jenem Zweifel, der sich im Abwägen von Indizien sein beunruhigendes Recht erzwungen hat. Darin mag mancher geeichte Jurist die Schwäche der *Zwölf Ge-*

schworenen entdecken, er mag sogar finden, dass ein Urteilsspruch, wie sie ihn letztlich gefällt haben, schlechthin eine soziale Gefahr bedeutet.

Ich – für meinen unwissenden Teil – sehe eine große Stärke darin, denn nur der Zweifel, der in anderen, ähnlichen Fällen vielleicht einen Mörder in die menschliche Gesellschaft entlässt, zerstört die Voreingenommenheit und hilft, der Wahrheit näherzukommen. Eine Gesellschaft, die dies nicht anerkennen will, stellt sich selbst in Frage.

Wäre der Angeklagte in den *Zwölf Geschworenen* tatsächlich schuldig – es bleibt im Rahmen der Handlung offen –, so wären die Zwölf, die ihn verurteilen, noch ein Dutzend Mal schuldiger, wenn ihrer rasch gefassten Meinung auch nur ein Gran von Zweifel anhaftete. Jeder von ihnen hat ein Zipfelchen von des Cartesius Einsicht in seinen kommunen Alltag mitgenommen, wonach der »Zweifel der Weisheit Anfang ist«.

Gerechtigkeit ist kein Dogma, das sich in Paragraphen einrichten lässt, sondern Leben in seinem grausamen Widerspruch. Kriminalschriftsteller – von Edgar Allan Poe bis zu Agatha Christie – haben gewöhnlich immer nach einem Täter gesucht. Die zwölf Geschworenen tun das pflichtgemäß auch, bloß – sie scheitern daran ... auf eine geradezu exemplarische Weise. Deshalb dürfte es ihr schönstes Verdienst sein, letztlich nichts weniger als die Wahrheit finden zu wollen, getreu den Worten des Matthias Claudius an seinen Sohn Johannes: »Nimm dich der Wahrheit an, wenn du kannst, und lasse dich gern ihretwegen hassen. Wisse jedoch, dass deine Sache nicht die Sache der Wahrheit ist, und hüte dich, dass sie nicht ineinanderfließen, sonst hast du deinen Lohn dahin.«

Noch ein paar Worte zur Bühnengeschichte. Der Film, der dem Pioniergeist von Fonda und Rose zu danken bleibt, war, durch das Fernsehen präokkupiert, in den Kinos der Vereinigten Staaten vorerst ein »flop«, eine Verlustrechnung. Anlässlich einer Schaufenster-Veranstaltung erlebte er in Berlin, wo man noch immer nach dem Schuldigen sucht, seine eigentliche Entdeckung. Am Locarneser Festival sah ich ihn zufällig. In wenigen Wochen gewann die Idee Relief, *Die zwölf Geschworenen* in einer erweiterten, für ein übernationales Verständnis modifizierten Fassung dorthin zu verpflanzen, wo sie im Grunde hingehörten – auf die Bretter, die mitunter ein Stück Welt bedeuten.

Es schien ein völliger Irrtum zu sein. Alle namhaften deutschen Intendanten lehnten mit kategorischer Höflichkeit ab. Ein einziger Hartnäckiger, ein Don Quichotte des Instinkts, blieb übrig, Lenker eines motorisierten Thespiskarrens mit Ansprüchen. Nur wollten sich ihm keine Schauspieler verpflichten für ein Ensemblestück, in dem es nur Nummern von 1 bis 12 gab, größere und kleinere Nummern. Sein Name sei an dieser Stelle nicht verschwiegen: Alexander E. Franke. Er hätte glattweg resignieren müssen, wenn ihm nicht in letzter Sekunde Hans Schweikart, der Erbe Falckenbergs, zu Hilfe gekommen wäre. Im Oktober 1958 inszenierte er an den Münchner Kammerspielen eine glanzvolle Uraufführung, deren Echo an bisher über 100 deutschsprachigen Bühnen seinen Widerhall fand. Der Wiener Schriftsteller Hans Weigel hat ihm das Geleitwort mitgegeben, als er bei der österreichischen Erstaufführung am Burgtheater schrieb: »Hier diskutiert am simplen Fall die Demokratie sich selbst, geht bei sich selbst in die Lehre, gewinnt fundamentale Einblicke in ihr Wesen, ihre Größe und ihre Gefährdung – und dies alles ganz und gar ohne lehrhafte Gemeinplätze, nur anhand eines spannenden Kriminalfalles. Wo gibt's das sonst? Die zwölf Männer in ihrer Klausur werden zu Aposteln einer großen Botschaft, zum klassischen Modellfall.«

Locarno, im Herbst 1981
Horst Budjuhn

Anhang

Anmerkungen

4,1 f. Amerikanischer Originaltitel: *Twelve angry men* – die deutsche Übersetzung glättet das im Originaltitel deutlich erkennbare Aggressionspotential der Bühnenfiguren.

5,3 *Obmann:* vom amerikanischen *chairman:* ›Vorsitzender‹. Im Deutschen eine Person, die die Leitung, den Vorsitz oder die Verantwortung für einen Verein, eine Organisation oder Ähnliches innehat.

9,20 *Water Cooler:* Wasserspender.

10,4 *Abraham Lincoln:* Abraham Lincoln (1809–1865), von 1861–1865 sechzehnter Präsident der Vereinigten Staaten von Amerika. Die Wahl Lincolns, eines erklärten Gegners der Sklaverei, führte zur Abspaltung der Südstaaten und zum Bürgerkrieg. Als erster amerikanischer Präsident wurde er am 14. April 1865 Opfer eines politisch motivierten Attentats, an dessen Folgen er einen Tag später verstarb.

11,16 f. *Mord ersten Grades:* im Strafrecht der USA der Straftatbestand, der das schwerwiegendste aller Tötungsdelikte beschreibt: *first degree murder* meint das vorsätzliche, absichtliche Töten eines Menschen (*willful, deliberate, premeditated*).

11,28 f. *begründeten Zweifel:* der *reasonable doubt* als Keyword des Textes: Die 12 Geschworenen müssen ein ›nicht schuldig‹ sprechen, wenn es begründete Zweifel an der Schuld des Angeklagten gibt, vgl. hierzu S. 11 f., 75, 94.

15,4 *Senat:* neben dem Repräsentantenhaus eine der beiden Kammern des Kongresses. Die Bezeichnung ist dem antiken römischen Senat entlehnt. Der Sitz des Senats befindet sich im Nordflügel des Kapitols in Washington, D. C.

16,24 f. *Woolworth:* amerikanische Kaufhauskette, gegründet 1879 durch den Unternehmer Frank Winfield Woolworth.

18,11 *Yankees:* gemeint sind die New York Yankees (gegründet 1901), das wohl bekannteste und erfolgreichste US-amerikanische Major-League-Baseball-Team aus der Bronx, New York City. Die Yankees gewannen 27 World-Series-Titel und 40 Meisterschaften der American League (Stand 2023).

18,11 *Cleveland:* gemeint die (heutigen) Cleveland Guardians (gegründet 1901 als Cleveland Blues, von 1915 bis 2021 Cleveland Indians), US-amerikanisches Major-League Baseball-Team aus Cleveland, Ohio.

18,14 *Mod-je-lew-ski:* gemeint ist Ed Modzelewski (1929–2015), Fullback der Cleveland Indians von 1955–1959.

20,20 *Baltimore:* gemeint die Baltimore Orioles (gegründet 1901), US-amerikanisches Major-League Baseball-Team aus Baltimore.

21,25 *Manchmal schießt ein Besen:* im Deutschen sprichwörtlich: »Wenn der liebe Gott will, schießt ein Besen.« Gemeint ist hier: Sollte der (glückliche, aber als unwahrscheinlich anzunehmende) Fall eintreten, dass die Abstimmung einstimmig endet, könne man die Sitzung sofort aufheben bzw. das Urteil sofort verkünden.

23,30 f. *Hugh, ich habe gesprochen:* Der Ausruf ›Howgh!‹ im Sinne einer Verstärkung von ›Ich habe gesprochen‹ kommt in unterschiedlicher Bedeutung in einigen Indianersprachen Nordamerikas vor, ist aber insbesondere als Bestandteil populärer Indianerdarstellungen, z. B. in den Reiseerzählungen Karl Mays oder James Fenimore Coopers, in den Sprachgebrauch übergegangen. Hier ironisch gebraucht.

26,6 *indolent:* (geistig) träge, unempfindlich, gleichgültig.

26,19 *Quäker:* Anhänger einer eschatologischen Erweckungsbewegung, gegründet nach dem englischen Bürgerkrieg Mitte des 17. Jahrhunderts. Quäker (nach dem englischen *quaker:* ›Zitterer‹) als Spottname für die Mitglieder der Religious Society of Friends, so der offizielle, formelle Name der Bewegung.

26,26 f. *Untermenschen:* Der Begriff stammt aus der Terminologie des Nationalsozialismus, im speziellen der Eugenik Nazi-Deutschlands, wie sie sich z. B. in den Nürnberger Rassegesetzen von 1935 äußert. Die Ideologie des Nationalsozialismus erhebt den Arier zur überlegenen Rasse, insbesondere gegenüber dem angefeindeten Judentum.

27,18 *Plato:* Platon, antiker griechischer Philosoph (428/427 v. Chr., Athen oder Aigina – 348/347 v. Chr., Athen), dessen philosophische Dialoge zur Metaphysik, zur Erkenntnistheorie, zur Staatstheorie, zur Kunsttheorie und zur Sprachphilosophie bis heute wirkungsmächtig sind. Platon gründete die Platonische Akademie, die älteste institutionelle Philosophenschule Griechenlands und damit auch Europas.

27,19 *Nato:* Die NATO (North Atlantic Treaty Organization), auch als Atlantisches Bündnis oder Nordatlantikpakt bezeichnet, gegründet im April 1949, ist ein militärisches Verteidigungsbündnis von heute dreißig Mitgliedstaaten (Stand 2023). Sie verpflichtet alle Mitglieder zur Verteidigung des gemeinsamen Territoriums und schafft damit seit Dekaden geopolitische Sicherheit und Stabilität.

31,6 *Richtung City:* Richtung Manhattan.

32,25 f. *Prügel … sein tägliches Brot waren:* in Anlehnung an das wohl am weitesten verbreitete Gebet des Christentums, das Vaterunser: ›Unser tägliches Brot gib uns heute‹.

33,14 *Sing-Sing:* berühmtes, 1826 eingerichtetes, staatliches Gefängnis (eigentlich Ossining), rund 50 Kilometer nördlich von New York am Ostufer des Hudson River gelegen.

33,18 *Wieder ging er hops:* hier: Wieder ging er ins Gefängnis.

34,12 f. *Portefeuille:* (frz.) Brieftasche.

36,15 *enerviert:* von frz. *énervé* ›entnervt‹.

36,29 *Greenhorn:* redensartlich fur einen Neuling oder Anfänger.

37,12 f. *machen Sie sich doch nicht mausig:* sich mausig machen: salopp für: keck, vorlaut auftreten, sich vordrängen.

39,5 f. *Offizialverteidiger:* vom Gericht gestellter Verteidiger.

39,12–14 *Gebäude … Fundament … Grundriss:* Nr. 8 operiert mit Begriffen, die ihm als Architekt (vgl. S. 6) vertraut und von besonderer Bedeutung sind.

39,29 f. *irgend so ein alter Grieche … Gift genommen:* gemeint ist der griechische Philosoph Sokrates (469 v. Chr., Alopeke – 399 v. Chr., Athen), der in einem Aufsehen erregenden Prozess zum Tode verurteilt wurde und der Überlieferung zufolge gefasst einen Schierlingsbecher leerte. Als Schierlingsbecher wird in der griechischen Antike das Gefäß bezeichnet, das bei Hinrichtungen gereicht wurde: Ein Getränk aus Wasser und dem stark giftigen Gefleckten Schierling, einer Pflanze aus der Familie der Doldenblütler. Der

Verurteilte führte, indem er den Schierlingsbecher leerte, seinen Tod herbei. Auch als Mittel für den Selbstmord wurde das Gift des Schierlings verwendet.

40,9 *Uppercut:* Aufwärtshaken, einer der Grundschläge bei verschiedenen Kampfsportarten; umgangssprachlich auch als Kinnhaken bezeichnet.

40,27 f. *Corpus delicti:* wörtlich ›Körper des Verbrechens‹. Gegenstand, Werkzeug oder Waffe, mit dem eine Straftat oder ein Verbrechen begangen wurde und das dem Gericht als Beweisstück dient.

41,15 *Trödlerladen:* ›Trödel‹ ist ein veralteter Begriff für wertlosen, alten Kram; der Trödler folglich ein Händler solcher Waren.

42,20 *Rocktasche:* Rock bezeichnet hier: Jackett, Jacke.

46,17 *palavert:* abwertende Bezeichnung für unnötiges Reden bzw. Schwadronieren.

46,22 *Referendar:* jemand, der während des Studiums oder im Anschluss an das Studium eine praktische Ausbildung macht, in der Regel in einem Berufsbild, das in den höheren Beamtendienst mündet.

49,14 f. *Werfen Sie lieber … in den Himmel:* die bewusst provozierende Äußerung von Nr. 3 wirft Nr. 5 vor, dass er sich sein Seelenheil erkaufe, hier: statt eine wirkliche Meinung zu vertreten den Weg des geringeren Widerstands wählt.

50,20 *Schabbes:* Schabbat, eingedeutscht Sabbat, im Judentum der siebte Wochentag, an dem keine Arbeit verrichtet werden soll. Nr. 7, laut der Vorstellung des Personals S. 6 ein »lauter und oberflächlicher Zeitgenosse«, benutzt den Begriff, wie die folgenden Zeilen belegen, wohl falsch.

51,2 *ostentativ:* demonstrativ, betont auffällig, auch: bewusst herausfordernd, provozierend.

52,13 f. *Ja, die Wissenschaftler … aus Europa importieren:* Anspielung auf den Umstand, dass viele renommierte europäische Wissenschaftler während des Zweiten Weltkrieges bzw. während der Jahre der Hitler-Diktatur Europa verließen und in die Vereinigten Staaten emigrierten.

57,20 *angelegentlich:* hier: eifrig.

59,15 *instruktiv:* aufschlussreich, lehrreich.

63,25 *kaschieren:* vom frz. *cacher* ›verbergen, verdecken, verstecken‹. Kaschieren meint, Dinge bzw. Sachverhalte so geschickt darzustellen, dass ihre Mängel bzw. Fehler überdeckt werden.

68,5 *ein Schlag ins Kontor:* unangenehme Überraschung, Enttäuschung.

70,23 *Schergen:* Personen, die unter Anwendung von Gewalt jemandes Aufträge (besonders einer politischen Macht) durchführen. Der Begriff der ›Häscher‹ als veraltetes Synonym. Nr. 11, Emigrant aus Osteuropa, mit jiddischen Anklängen und aus eigener Erfahrung sprechend (vgl. S. 7), denkt offensichtlich an die Schergen Nazi-Deutschlands, insbesondere an die SS und die Gestapo.

71,2 *Abrahams Schoß ... Abraham Lincoln:* Das Wortspiel geht zurück auf das Gleichnis von Lazarus und dem reichen Mann (Lukas 16,9–16,31) und der damit verbundenen umgangssprachlichen Redewendung ›so sicher wie in Abrahams Schoß‹ sein. Lukas 16,22 berichtet, wie der Arme (Lazarus) nach seinem Tod von Engeln in Abrahams Schoß getragen wird.

75,27 f. *Joe Louis gegen Schmeling:* Beim ersten Kampf um die Box-Weltmeisterschaft im Schwergewicht am 19. Juni 1936 (stilisiert zum Kampf der freien Welt gegen Nazi-Deutschland) siegte Max Schmeling durch K. o. in der 12. Runde.

76,1 *bei der Revanche:* Bei der Revanche am 22. Juni 1938 siegte Joe Louis durch K. o. in der ersten Runde.

77,14 *Schindluder ... treibt:* mit jemandem Schindluder treiben meint, jemanden schändlich, unwürdig, abfällig oder schlecht behandeln. Das Wort ›Schindluder‹ ist eine nicht mehr gebräuchliche Bezeichnung für alte und kranke Haustiere, die kein Gnadenbrot mehr erhalten und zum Abdecker (Schinder; Person, die verendete Tierkörper verwertet und beseitigt) gebracht werden.

77,16 f. *in corpore:* gemeinsam, (alle) zusammen.

78,28 f. *Geschworenentaxe:* die Vergütung, die die Geschworenen für ihre Tätigkeit erhalten.

81,5 *ein ganz gehängter Bruder:* redensartlich ein fröhlicher Mensch, hier im Sinne von: ein vorausschauender Mensch.

81,31 *Parterre-Akt:* im Sinne von ›Schmierentheater‹: ein Schauspiel für die billigen Plätze (das Parterre).

83,15 f. *Scharaden:* Scharade wird hier möglicherweise als Homonym gebraucht: zugleich ein pantomimisches Spiel als auch eine oberflächliche Heuchelei meinend.

84,9 *dalli:* angespielt ist auf die Redewendung »Dalli«, aus dem Kaschubischen bzw. Polnischen *dali, dalej* ›weiter, los, beeil dich‹ etc.

85,2 *von der Tarantel gestochen:* umgangssprachlich im Sinne einer plötzlichen, überraschenden, heftigen Reaktion; aufgrund der Assoziation mit dem in Europa nur schwach giftigen Biss der Tarantel genannten großwüchsigen Spinnen aus der Familie der Lycosidae (Wolfsspinnen); auch: wie besessen bzw. wahnsinnig reagieren.

85,4 f. *das geht mir über die Hutschnur:* umgangssprachlich im Sinne von: das ertrage ich nicht länger.

85,26 *Die Gesichter kenne ich:* vgl. hierzu die Anmerkung zu S. 70 ›Schergen‹. Nr. 11, jüdischer Emigrant aus Osteuropa, scheint »wie aus einer Erinnerung« zu sprechen und erkennt in Nr. 3 offenbar Gemeinsamkeiten mit den Schergen Nazi-Deutschlands, insbesondere der SS und der Gestapo.

86,5 *Sadist:* Bezeichnung für eine Person, die Lust bzw. Befriedigung dabei empfindet, andere Menschen zu demütigen, zu unterdrücken oder ihnen Schmerzen zuzufügen.

89,13 *Schwof:* Tanz.

91,30–92,1 *Und der Regen regnet jeglichen Tag … Shakespeare:* Nr. 9 zitiert das Schlusslied des Narren aus Shakespeares (1564–1616) Komödie *Was ihr wollt* (zwischen 1600 und 1602), Szene V,1: »Und als der Wein mir steckt' im Kopf, / Hop Heisa, bei Regen und Wind! / Da war ich ein armer betrunkner Tropf; / Denn der Regen, der regnet jeglichen Tag« (Übersetzung: August Wilhelm von Schlegel).

92,7 *pladdert:* norddeutsch und lautmalerisch für heftigen, geräuschvollen Regen.

93,25 f. *zum Präsidenten:* zum Gerichtsvorsitzenden.

94,17 *Chuzpe:* (jidd.) Mut, Frechheit, Unverfrorenheit.

95,4–9 *Wir halten die folgenden Wahrheiten … das Streben nach*

Glück gehören: Präambel der amerikanischen Unabhängigkeitserklärung vom 4. Juli 1776: »We hold these truths to be self-evident, that all men are created equal, that they are endowed by their Creator with certain unalienable Rights, that among these are Life, Liberty and the pursuit of Happiness.« Mit der Unabhängigkeitserklärung lösten sich dreizehn britische Kolonien von Großbritannien und deklarierten ihr Recht auf einen souveränen Staatenbund. Der Text der Unabhängigkeitserklärung wurde in weiten Teilen von Thomas Jefferson verfasst.

95,10 *Karl Marx:* Karl Marx (1818–1883), deutscher Philosoph, Journalist, Ökonom, Staatstheoretiker und Historiker, veröffentlichte 1848 zusammen mit Friedrich Engels das *Manifest der kommunistischen Partei.*

95,11 f. *Thomas Jefferson:* Thomas Jefferson (1743–1826), einer der Gründerväter der Vereinigten Staaten von Amerika, von 1801 bis 1809 deren dritter Präsident. Hauptsächlicher Verfasser der Unabhängigkeitserklärung (s. o.), Mitbegründer der Demokratisch-Republikanischen Partei und wichtigster Staatstheoretiker der jungen amerikanischen Demokratie.

97,20 *Der scharlachrote Reiter:* Oscar-prämierter US-amerikanischer Western aus dem Jahr 1940. Regie: Cecil B. DeMille. Hauptrollen: Gary Cooper, Madeleine Carroll.

97,30 f. *Die ungewöhnliche Mrs. Bainbridge:* Der Filmtitel konnte nicht verifiziert werden.

98,6 f. *Barbara Long … Lang … Lane:* vermutlich ist die amerikanische Schauspielerin und Sängerin Barbara Lang (1928–1982) gemeint. In ihrer Filmographie findet sich kein Titel *Die ungewöhnliche Mrs. Bainbridge.*

102,26 *Malheur:* (frz.) Unglück.

102,27 *letale:* tödliche.

102,30 *groggy:* umgangssprachlich: erschöpft, müde.

104,29 *Wortklaubern:* Wortklauberei meint die beabsichtigte oder unbeabsichtigte kleinliche Auslegung von Worten und Begriffen, durch die deren Sinn auf ihre ursprüngliche Bedeutung reduziert wird. Hier beleidigend gebraucht.

104,29 *ins Bockshorn jagen:* Angst machen.

108,20 *minuziös:* detailliert, genau.

109,26 *Viel Geschrei und wenig Wolle:* viel Gerede, Aufregung, Aufwand wegen einer unbedeutenden, harmlosen Angelegenheit oder Situation.

110,20–22 *Über einen reuigen Sünder ... in der Bibel:* angespielt ist auf Lukas 15,7: »Ich sage euch: Also wird auch Freude im Himmel sein über einen Sünder, der Buße tut, mehr als über neunundneunzig Gerechte, die der Buße nicht bedürfen«.

110,25 *Puritaner:* Der Puritanismus ist eine in der zweiten Hälfte des 16. Jahrhunderts entstandene christliche Bewegung, die in England, in Schottland und später auch in den Vereinigten Staaten eine Reformation der Kirche nach evangelisch-reformierten bzw. calvinistischen Grundsätzen anstrebte. Der Begriff wird gerne abwertend für besonders sittentreue bzw. sittenstrenge Menschen benutzt.

110,26 *Methodist:* Der Methodismus entsteht in der zweiten Hälfte des 18. Jahrhunderts in England als protestantisch-christliche Bewegung. Eine religiöse Studentengruppe in Oxford fiel durch besonders penible, systematische Zeiteinteilung und Lebenseinstellung auf, deren Mitglieder wurden deshalb als Methodisten verspottet. Möglicherweise daher die nachfolgende Forderung von Nr. 4, sich »auf eine letzte Frist« zu einigen.

111,19 f. *physiognomische Studien:* gemeint sind Studien zu charakteristischen Gesichtszügen des Menschen, hier ironisch abwertend gebraucht.

113,14 *das Fähnchen:* gemeint ein leichtes, billig wirkendes, nicht sehr geschmackvolles Kleid, daher die Bemerkung, es hätte »besser zu einem jungen Mädchen gepasst«.

117,4 *Maulhure:* beleidigend für eine Person, die anderen nach dem Mund redet.

120,30 f. *Miller ... Walker:* Mit den letzten Sätzen erhalten die beiden Gegenspieler als einzige der zwölf Geschworenen (möglicherweise sprechende) Namen: Nr. 8 heißt Miller, Nr. 3 Walker.

Nachwort

> »Wer Recht erkennen will, muss zuvor in richtiger Weise gezweifelt haben.«
>
> Aristoteles

Der Morgen ist so schön. Ausfahren will er mit seinem Kammerherrn, dem Marchese Marinelli, den »Klagen«, den »Bittschriften« entfliehen, die ihn an den ungeliebten Schreibtisch seines Kabinetts fesseln. Nicht schnell genug kann es ihm gehen: »Was ist sonst? Etwas zu unterschreiben?« ruft er dem Rat Camillo Rota zu. »Ein Todesurteil wäre zu unterschreiben« antwortet dieser. »Recht gern« versetzt der Prinz von Guastalla, »[n]ur her geschwind. [...] Es könnte schon geschehen sein. Ich bin eilig.« Das jede Vorstellung von Recht *ad absurdum* führende »Recht gern« hallt nach: In Lessings *Emilia Galotti* ist es der altgediente Rat Rota, der sich der tödlichen Willkür seines unsteten, verbrecherischen Despoten mittels einer List widersetzt. Unter gänzlich anderen historischen Voraussetzungen, auch: unter gänzlich anderen juristischen Vorzeichen scheint man auch hier mit fertigen Urteilen schnell bei der Hand zu sein: »Worauf warten wir noch? Stimmen wir ab!« ruft Nr. 3 den elf Geschworenen zu, kaum, dass der Beratungsraum betreten ist, und Nr. 10, die klischeehaft amerikanischste aller Drohformeln konterkarierend, stimmt ein: »Also Hände hoch! Das Resultat ist klar!« (S. 22).

Das ist es nicht. Zu schwierig ist der Sachverhalt, zu schwerwiegend die zu treffende Entscheidung, zu heterogen die Gruppe der Entscheider. Fünf Tage lang ist gegen einen Neunzehnjährigen verhandelt worden, der den eigenen Vater ermordet haben soll – »Das hätten sie auch in zwei erledigen können. [...] Allerdings! Wozu der Aufwand?« (S. 14) beschweren sich Nr. 3 und Nr. 10 – nun ist es an den zwölf Geschworenen, zu einem einstimmigen Urteil zu gelangen. »Tatsachen« müssen »von Phantasiegebilden« (S. 11) geschieden werden (und der Verlauf des Dramas wird zeigen, wie sich das eine in das andere verkehrt), im Falle eines begründeten Zweifels haben die Geschworenen auf ›nicht schuldig‹ zu plädieren, ein einstimmiges ›schuldig‹ bedeutet für den jungen Mann die Todesstrafe. Zu entscheiden haben: ein Bankangestellter, ein Börsenmakler, ein Maler, ein Arbeitsloser, ein Vertreter, ein Chemiker, ein Baseball-Trainer, ein Werbefachmann. Einander gegenüberstehen: als Antagonisten der Inhaber eines Botendienstes und ein Tankstellenbesitzer, als Protagonisten ein Architekt und ein Rentner. Das Verzeichnis der *dramatis personae* liefert nicht nur einen Querschnitt durch das Panoptikum der amerikanischen Gesellschaft, es schärft und lenkt den Blick des Lesers: als »besonnener, ruhiger Mann« (S. 6) wird der Protagonist Nr. 8 eingeführt, sein Gegenspieler ist ein »gewalttätiger, außerordentlich starrköpfiger Mann« (S. 5), andere Geschworene werden charakterisiert als scheu und belastet (Nr. 5), als verdrossen und bitter (Nr. 10), als laut, oberflächlich und clever (Nr. 7), als aalglatt und kühl (Nr. 12). Alle (ausschließlich männlichen) Anwesenden sind – ein Hinweis auf die modellhafte Gültigkeit des Geschehens – auf Nummern reduziert.

Seit Gustave le Bons *Psychologie der Massen* (1895) wissen wir um die Gefahr, die von der Masse Mensch ausgeht. Auch gebildete Menschen, so Le Bon, können in der Masse ihre Kritikfähigkeit verlieren, um sich affektiv, schlimmstenfalls: primitiv zu verhalten. Die Sozialpsychologie beschreibt diesen Umstand als Konformitätszwang, als jene Kraft, die von einem sozialen Gebilde ausgeht und die der Einzelne als Pflicht erlebt, sich den Erwartungen der ihn umgebenden Gesellschaft anzupassen. Dieser Druck kann sowohl von bestimmten Personen als auch von der Mehrheit einer Gruppe ausgehen. Im Falle der *Zwölf Geschworenen* liegen beide Phänomene, sowohl der Majoritäts- als auch der Autoritätsdruck vor: elf zu eins lautet das Ergebnis der ersten Abstimmung, Wortführer bis zu diesem Zeitpunkt sind die Lautredner und Meinungsmacher Nr. 3 bzw. Nr. 10. Umso erstaunlicher erscheinen die Kraft und der Mut jenes Einzelnen, der sich der Masse entgegenstellt – nicht zuletzt auch den Anwesenden: »Dieser Herr stand allein gegen uns alle. […] Ich finde, es gehört schon viel Mut dazu, einfach gegen den Strom zu schwimmen und sich der Lächerlichkeit auszusetzen, auch wenn man noch so überzeugt ist« (S. 51).

Der zunächst beiseite steht (vgl. S. 19), um sich dann gegen die Mehrheit zu stellen, wird vom Personenverzeichnis als »besonnener, ruhiger Mann« bezeichnet, »der jede Frage von jeder Seite betrachtet und nichts als die Wahrheit sucht« (S. 6). Aus ebenso tiefer Menschlichkeit wie selbstverständlicher Ernsthaftigkeit weigert er sich, »einfach [s]eine Hand [zu] heben und jemanden in den Tod zu schicken« (S. 23), er will den Fall des 19-jährigen Angeklagten vor Urteilsverkündung geprüft und diskutiert wissen. Nr. 8 ist von Beruf Architekt. Metaphorisch wirkt dieser Umstand in seiner Sprache weiter: »Von dem ganzen Gebäude der Indizienbeweise waren diese [...] Aussagen sozusagen das Fundament für die Anklage. Angenommen, im Grundriss war ein Fehler?« (S. 39). Dabei gibt er durchaus seine Fehlbarkeit zu, gesteht ein, dass er den Angeklagten möglicherweise zu Unrecht in Schutz nehme, dass auch er nicht mit Sicherheit um die Unschuld des Angeklagten wisse, die Wahrheit nicht kenne, ja, sich der Gefahr bewusst sei, einen Fehler zu machen und einen Verbrecher in die Gemeinschaft zurückzuführen (S. 107) – und doch lässt er nicht ab von jenem Zweifel, den er ebenso eindringlich wie vehement verteidigt: »Aber wir haben einen begründeten Zweifel und darin liegt eine unschätzbare Sicherheit für unser ganzes System. [...] Wir *dürfen* zweifeln. Unsere Freiheit beruht darauf« (S. 107 f.). Der beharrliche Zweifel von Nr. 8 verhilft dem Drama zu seiner Struktur. Schritt für Schritt demontiert der couragierte Individualist im Folgenden die Indizien der Anklage, erschafft ein neues Fundament und errichtet darauf (s)ein Gebäude aus Zweifel: Zunächst gibt er Milieu und Sozialisation des Jungen zu bedenken, hinterfragt dessen Motiv, enttarnt die durch das Gericht postulierte Unverwechselbarkeit der Mordwaffe als Fehleinschätzung (Akt I), widerlegt weiter die Zeugenaussagen des alten Mannes (Akt II) ebenso wie die der Frau von gegenüber und erweckt abschließend Zweifel an der Führung der Mordwaffe (Akt III). Dass das von ihm errichtete Gebäude aus berechtigtem Zweifel sich als statisch solide und tragfähig erweist, lässt sich numerisch belegen: Immer mehr Geschworene wechseln im Verlauf des Dra-

Abb. 1: Szenenfoto aus 12 Angry Men, Regie: Sidney Lumet, 1957. Henry Fonda (als Nr. 8, links) und Lee J. Cobb (als Nr. 3, rechts) – © IMAGO / United Archives

mas die Seite, bis am Ende nur noch der Antagonist Nr. 3 außerhalb dieses Hauses steht.

»Wer Recht erkennen will, muss zuvor in richtiger Weise gezweifelt haben« heißt es bei Aristoteles. In richtiger Weise zu zweifeln ist Triebfeder des vorliegenden Kammerspiels, der begründete Zweifel das Keyword des Dramas. Nicht über die Unschuld des Angeklagten haben die Geschworenen zu befinden, sondern darüber, ob es begründete Zweifel an dessen Schuld gibt. Lange Zeit werden Zweifel nicht in Erwägung gezogen, schlimmer noch, gar nicht erst gesucht: Ganz unverhohlen können der Nr. 10, in einem verräterischen Halbsatz seine unreflektiert-voreingenommene Haltung kennzeichnend, »alle Beweise gestohlen bleiben« (S. 30). Dabei steht der Zweifel am Beginn des Wissens: »Eigentlich weiß man nur, wenn man wenig weiß. Mit dem Wissen wächst der Zweifel« formuliert Goethe in seinen *Maximen und Reflexionen.* Gleichnishaft geschieht genau dies auf der Bühne: Je mehr Wissen die zwölf Männer – gemeinsam diskutierend und reflektierend – erlangen, umso größer werden die Zweifel. Goethes Formulierung ist gleichermaßen modern wie tief im 18. Jahrhundert verwurzelt: Bereits 1637 hatte René Descartes seinen *Discours de la méthode* vorgelegt und darin den Zweifel nicht nur zur Grundlage des Zeitalters der Vernunft erhoben, sondern zugleich zur Grundlage moderner Wissenschaft. Galt der Zweifel in der – von der Kirche dominierten – voraufklärerischen Werteordnung noch als Übel und als Sünde, wird er in der Goethezeit zum Ausgangspunkt von Erkenntnisstreben, Erkenntniswille und Erkenntnisfortschritt. Zweifeln und Denken sind nun eins – und verschmelzen bei Descartes zur selbstversichernden Formel des modernen Menschen: *cogito ergo sum.*

Der deutsche Titel glättet das im Originaltitel erkennbare Aggressionspotential der Bühnenfiguren auf beinahe fahrlässige Weise: *Twelve angry men* ringen in dem dreiaktigen Kammerspiel zunächst um ihre Zweifel, dann um ihre Haltung und schließlich um ein einstimmiges Urteil – sie tun dies mal kühl berechnend, einander taxierend, mal impulsiv, einander provozierend. Beschimpfungen, Beleidigungen und Bedrohungen begleiten die Diskussionen und belegen die aufgeheizte Atmosphäre (die durch den Sommer vor den Fenstern und die Nutzlosigkeit des Ventilators verstärkt wird). Die Anspannung der *angry men* überträgt sich auf Zuschauer und Leser: zwingt doch die Gattung des Gerichtsdramas seine Rezipienten in besonderer Weise zur Reflexion, auch: zur Überprüfung der eigenen Position. Mit den Worten Brechts: Das Bühnenspiel weckt die Aktivität des Zuschauers. Es will nicht suggerieren, sondern argumentieren. Es vermittelt ihm nicht Erlebnis, sondern Erkenntnis. Es ermöglicht ihm nicht Gefühle, sondern erzwingt von ihm Entscheidungen. Erkennbar steht das Drama der *Zwölf Geschworenen* in der Tradition großer Gerichtsdramen (Sophokles, *König Ödipus*; Kleist, *Der Zerbrochene Krug*; Brecht, *Der kaukasische Kreidekreis*; Dürrenmatt, *Der Besuch der alten Dame*; Weiss, *Die Ermittlung*), und wie diese bedient es sich mehrfach der Technik des ›Theaters auf dem Theater‹, des ›Spiels im Spiel‹ (vgl. S. 81 ff., S. 99 ff.) – nichts anderes bedeuten ja theatralisch dargestellte Gerichtsszenen, die von den Zuschauern verlangen, an der auf der Bühne gespielten Rechtsprechung *realiter* zu partizipieren, ergo: zu einem eigenen Urteil zu gelangen. Nicht zufällig ruft der Protagonist Nr. 8 seinen Gegenspielern ebenso doppeldeutig wie doppelbödig mit ungewöhnlicher Schärfe zu: »Das ist kein Spiel!« (S. 58).

Die in den *Zwölf Geschworenen* aufgerufenen Klischees und deren aggressive Versprachlichung sind aktuell. Damals wie heute. Als »Dreck« bezeichnet die Nr. 10 den Angeklagten, als »Ausländer« und »Gesindel« (S. 106), als »Abfall«, der »auf den Müllhaufen« gehöre (S. 35), an anderer Stelle gar als »Untermensch« (S. 26), einer Terminologie folgend, die in Deutschland unzweideutig besetzt ist: Sie verweist auf den Nationalsozialismus, im Speziellen auf die Eugenik Nazi-Deutschlands, wie sie sich z. B. in den

Nürnberger Rassegesetzen von 1935 äußert. Wenig überraschend, dass Nr. 11, Emigrant aus Europa, der, den Anmerkungen des Personalverzeichnisses zufolge »mit polnischen, tschechischen oder auch jiddischen Anklängen« (S. 8) spricht, im Gesicht der Nr. 10 den Ausdruck jener Schergen von SS und Gestapo wiedererkennt, vor denen er in die Vereinigten Staaten fliehen musste. Die aufgeladene Stimmung entlädt sich jedoch nicht allein in Richtung des Angeklagten (»Wir geben uns alle Mühe, einen Schuldigen auf den elektrischen Stuhl zu bringen, wo er hingehört«, S. 50). Das latent vorhandene Aggressionspotential meint auch die Zögernden, die Zweifelnden, die Andersdenkenden im Raum: »Der Feigling soll sich stellen!« (S. 48) fordert Nr. 3, als sich zu Beginn des zweiten Aktes Nr. 9 auf die Seite von Nr. 8 schlägt. Die Drohung ist wörtlich zu nehmen und weist über das Wörtliche hinaus: Nr. 3 wird vom Personenverzeichnis charakterisiert als »gewalttätiger, außerordentlich starrköpfiger Mann, bei dem auch Anzeichen von Sadismus unverkennbar sind« (S. 5). Auf dem Höhe- und Wendepunkt des Dramas, am Ende des zweiten Akts, als jener Starrsinn sich weit über die Beiläufigkeit erhebt, mit welcher der Prinz Hettore Gonzaga in Lessings *Emilia Galotti* Todesurteile unterzeichnet (»Der Strom soll durch seinen Körper fahren! [...] Wir lassen ihn durch unsere Finger schlüpfen!!!«, S. 85), schlägt die verbale Gewalt um in stumpfe, viehisch-enthemmte Brutalität: Zurechtgewiesen durch die Nr. 8, wird aus dem dreifachen »Maul halten!« (mit zunächst einem, dann zwei und schließlich drei Ausrufezeichen, die die Trias auch als Klimax kennzeichnen, S. 86) binnen Sekunden ein identisch gestaltetes: »Ich bring ihn um!! Ich bring ihn um!!! Ich bring ihn ...« (S. 86, im Übrigen eine Formulierung, von der sich die Anwesenden S. 66 f. noch einig waren, dass man sie wohl kaum unreflektiert gebrauchen würde) – der tätliche Angriff wird nur verhindert, weil Nr. 3 »von vielen Händen festgehalten« (S. 86) wird. Dünn ist die Fassade demokratischer Kultur, schmerzhaft – für alle auf und jenseits der Bühne Anwesenden – deren Zerreißen.

Es ist ein Missverständnis zu glauben, es gehe vor Gericht um die Herstellung von Gerechtigkeit. Dem ist nicht so. In einem demokratischen System haben Gerichtsurteile frei von Willkür bestehendem Recht zu folgen – was in vielen Fällen keineswegs bedeutet, dass das Urteil auch ›gerecht‹ erscheint. Ein Bonmot unter Juristen besagt, dass ein Urteil vermutlich dann am gelungensten ist, wenn sich alle beteiligten Streitparteien ungerecht behandelt fühlen. Dass das Urteil der zwölf Geschworenen tatsächlich Gerechtigkeit herstellt, bezweifelt sogar die Nr. 8 (s. o.), der die mögliche Fehlbarkeit des eigenen Tuns jederzeit bewusst ist. Das theatralische Spiel um eine von Beginn an fragile Gerechtigkeit ist demnach wohl zu lesen als ein Spiel um weitaus Größeres: »Hier diskutiert am simplen Fall die Demokratie sich selbst, geht bei sich selbst in die Lehre, gewinnt fundamentale Einblicke in ihr Wesen, ihre Größe und ihre Gefährdung – und dies alles ganz und gar ohne lehrhafte Gemeinplätze [...]. Die zwölf Männer in ihrer Klausur werden zu Aposteln einer großen Botschaft, zum klassischen Modellfall« (S. 127), kommentiert Horst Budjuhn, der das Fernsehspiel Reginald Roses aus dem Jahre 1954 für die deutsche Bühne dramatisiert hat. In der Tat: Eine wie auch immer geartete Gerechtigkeit herzustellen, steht in den *Zwölf Geschworenen* gar nicht erst zur Disposition (nicht zufällig bleibt der zu verhandelnde Kriminalfall ungeklärt), wohl aber gerät das Stück zu einer zu allen Zeiten notwendigen, engagierten Verteidigung der Demokratie. Denn Demokratie setzt das Vorhandensein und das Gegeneinander unterschiedlicher Meinungen voraus. »Das Ringen um den richtigen Weg ist kein Problem des demokratischen Systems, sondern sein Wesen.«[1] Wer Rechtssicherheit als Beiläufigkeit veranschlagt, wer die freie Meinungsäußerung – auch gegen das populistische Wüten der Mehrheit – ablehnt, wer den wirklichen Diskurs scheut und sich mit den Formeln grober Vereinfachung zufriedengibt, bewegt sich wissentlich oder unwissentlich bereits an der Peripherie unseres demokratischen Systems. In Zeiten, in denen Meinungen immer disparater werden und gesellschaftlicher Konsens immer schwieriger, in Zeiten, in denen enthemmte Droh-, Hass- und Hetzkommentare (natürlich anonym formuliert) zur digitalen Normalität geworden sind, in denen Stigmatisierung und Diskriminierung längst wieder salonfähig sind, stellen Debatte, Verständigung und Kompromiss Werte an sich dar.

Holger Bäuerle

1 Juli Zeh, *Fragen zu Corpus delicti*, München 2020, S. 184.

Inhalt